아웃풋
독서법

100권에서 7퍼센트 핵심을 뽑아 1권의 책을 써내는
아웃풋 독서법

지은이 | 이세훈

펴낸곳 | 북포스
펴낸이 | 방현철

편집자 | 변민아
디자인 | 엔드디자인

1판 1쇄 펴낸 날 | 2017년 4월 20일
1판 2쇄 펴낸 날 | 2017년 6월 10일

출판등록 | 2004년 02월 03일 제313-00026호
주소 | 서울시 영등포구 양평동5가 18 우림라이온스밸리 B동 512호
전화 | (02)337-9888
팩스 | (02)337-6665
전자우편 | bhcbang@hanmail.net

이 도서의 국립중앙도서관 출판시도서목록(CIP)은 e-CIP 홈페이지(http://www.nl.go.kr/ecip)와
국가자료공동목록시스템(http://www.nl.go.kr/kolisnet)에서 이용하실 수 있습니다.
(CIP제어번호: 2017004974)

ISBN 979-11-5815-005-1 03190
값 15,000원

100권에서 7퍼센트 핵심을 뽑아 1권의 책을 써내는

아웃풋
독서법

| 이세훈 지음 |

북포스

1,500권의 책을 읽어도
삶이 변하지 않았던 이유

"강사님, 세상에 해로운 독서도 있나요?"

1,500권의 책을 읽으면 세상의 이치가 조금은 보인다고들 한다. 수강생으로부터 이 질문을 받았던 때가 딱 그랬다. 당시 나의 독서량은 1,500권을 넘어섰고, 주말마다 독서법 강사로 활동하고 있었다.

나는 이렇게 되물었다.

"사춘기에 엄마 몰래 훔쳐보던 야설이나 무협지를 말씀하시는 건가요?"

"……."

고상하고 철학적인 답변을 기대했던 그의 선한 의도를 빗나간 말초적인 되물음 때문이었을까? 순간 정적이 흘렀다. 화끈거리는 얼굴로 집으로 돌아온 나는 이 책 저 책 찾아보다 이 질문에 대한 해답을 얻었다.

'깊은 사색이 없고, 자기 중심점이 없는 무분별한 다독은 해롭다.'

● "독서는 사색의 대용품으로 정신에 재료를 공급할 수는 있어도 우리를 대신해서 저자가 사색해줄 수는 없다는 점을 기억해야 한다. 다독을 피해야 하는 이유가 바로 여기에 있다. 다시 말해 대용품, 즉 독서가 실제적인 사색을 방해할 수도 있다."

– 『쇼펜하우어 문장론』 중

2008년 가을의 어느 주말, 양복을 말쑥하게 차려입고 독서법 강의를 하러 나가려던 참이었다. 아내가 필자의 어깨를 톡톡 두드리기에 나는 목에 힘을 잔뜩 주고 시선을 약간 아래로 돌렸다. 당시는 1,500권이 넘는 책을 읽어 마치 세상의 이치를 다 깨달은 자처럼 굴었던 때다. 강의에 나가서도 1,000권을 넘게 읽으면 세상의 이치가 보인다고 강조했던 철없던(?) 시절이었다. 그런데, 책 좀 읽었다고 거들먹거리는 교만한 독서가는 위험하긴 하지만 위협적인 존재는 아니란 걸 뼈저리게 깨달은 사건이 터졌다.

그날 아내는 한 손에 10만 원 상당의 카드 영수증을 들고 있었다. 그건 필자가 대형 서점에서 별 부담 없이 긁었던 고상한 책값 영수증이었다. 아내의 눈이 이글거렸지만 1,500권 이상 읽은 독서가의 예리한 눈빛을 이길 수는 없는 법! 나는 그때까지만 해도 아내가 기 싸움에서 패배한 줄 알았다. 그런데 그때 현관문을 여는 내 등 뒤로 툭 던져진 한마디!

"근데 당신은 왜 책을 그렇게 많이 읽으면서도 사람이 안 변해?"

순간, 한 달에 한 권의 책도 읽지 않아 대한민국 평균 독서량을 까먹는 아내를 향해 짜증이 불쑥 솟아올랐다. 그래서 나도 모르게 이런 말을 내뱉었다.

"경제·경영 서적을 많이 읽다 보니, 좀 이기적으로 변해서 그런가……"

지금 돌이켜봐도 참 옹색한 변명이다. 그렇게 둘러대긴 했지만, 아내의 한마디로 충분한 사색이 동반되지 않은, 독서의 '양'만 중시하는 '양 편식 독서'가 의미 없는 행위임을 온몸으로 실감할 수 있었다. 이후 아내는 필자의 불같은 성격과 독서가가 갖춰야 할 교양을 비교하며 수시로 정곡을 찌르기 시작했다. 그렇게 1,500권이 넘는 책을 읽고, 2년 넘게 강사 훈련을 받은 전문 독서법 강사는 조금씩 무너져 갔다.

결국 한동안 독서를 끊어버렸다. '너무나 부끄러웠기 때문'이라는 게 가장 적확한 이유다. 더불어 책을 너무 많이 사들여서 집을 비좁

게 한다는 아내의 잔소리도 한몫했다. 그래도 여전히 대형 서점에서 신간을 여러 권 사와서 아내가 알아채지 못하게 차 트렁크에 수집하곤 했다.

그러던 어느 날, 밥맛이 뚝 떨어지듯 왕성한 독서 의욕이 사라지고 말았다. 그동안 '의미 없는 독서'를 했다는 생각에 자괴감마저 들었다.

"I was not a book reader, but an ambitious book collector(나는 독서가가 아니라, 야심찬 책 수집가였을 뿐이다)."

결국 이러한 경구를 남기고 독서가라는 자리에서 '잠정 은퇴'를 선언했다.

내가 해왔던 '의미 없는 독서'는 해로운 독서와 이로운 독서의 사이, 그 어딘가에 놓여 있을 거라고 생각했다. 그러나 독서의 세계에 어정쩡한 중간 지대라는 건 없었다. 독서를 끊자 금단증상처럼 LTE 속도로 스마트폰에 푹 빠져들었다. 아내의 폭풍 같은 잔소리를 피하기 위해 이어폰을 꽂고 드라마를 보기 시작했다. 다크서클이 점점 더 내려왔다. 흔히 텔레비전을 '바보상자'라 하는데, 하물며 무한 반복 시청이 가능한 스마트폰은 어떻겠는가. 그 작은 기계는 나를 바보 수준으로 만들고도 남았다. 나는 드라마 제작자들이 '드라마 덕후(어떤 분야에 마니아 이상의 열정과 흥미를 갖고 있는 사람을 뜻하는 말, 일본어 '오타쿠'의 한국식 발음)'를 생산하기 위해 다음 편을 볼 수밖에 없도록 정교하게 편집한 '드라마 종료 5분 전 엔딩 장면'에 중독되기 시작했다.

마음 한편이 허전한 중년 남성의 드라마 사랑은 회사에서 지방으로 '나 홀로 발령'이 난 후부터 극에 달했다. 날마다 3개 지상파 외에도 케이블TV 드라마를 섭렵했다. 또한 드라마 비평가를 자청하며 각종 드라마를 비교·분석하기도 했다. 그런데 그렇게 드라마 작가로 나설 만한 수준의 마니아가 되자, 이제 드라마마저 식상해졌고 또다시 무료해졌다.

그런데 창의력 향상에 효과적이라는 '멍 때리기'가 정점에 오르자 문득 '스크린의 화면 크기를 대폭 키우는 게 좋겠다'는 아이디어가 떠올랐다. 그리하여 손바닥 크기의 스마트폰 화면을 과감히 버리고, 퇴근 후 월·화·수·목요일 저녁이면 날마다 시내로 나가 개봉 영화들을 접수하기 시작했다.

처음에는 화면 스케일이 대폭 커지고 푹신한 의자에 앉아 폼 나게 영화를 보니 나름대로 기분 전환이 되었다. '나 홀로족'도 할 만하다고 느끼기까지 했다. '역시 문화생활에는 영화가 최고야!'라는 생각으로 하루에 연속으로 두 편을 보는 경우도 있었다.

그렇게 4개월이 흐르고 나니 그때쯤엔 더 이상 볼 영화가 없었다. 그래서 재개봉한 유명 영화들을 보기 시작했다. 그런데, 〈죽은 시인의 사회〉(1989)를 보던 중, 가슴이 답답해지고 머리가 아파왔다. 참다 참다 더 이상 참지 못하고 영화관에서 뛰쳐나왔다. 20대 청춘 시절에는 감명 깊게 여러 번 봤던 영화였는데, 어느새 중년 아저씨가 되어 시적 감수성마저 밑바닥을 드러낸 것이다. 순간 이렇게 계속 살다가는 내 정신이 먼저 죽고, 머지않아 육체마저 버틸 수 없을지도 모른다는 경각심이 들었다.

　내 앞에 닥친, 아니 어찌 보면 스스로가 자초한 이 갑갑한 현실에 숨이 막혔다. 그래도 추락하는 모든 것에는 날개가 있다고 하지 않던가. 영화 〈죽은 시인의 사회〉가 〈죽은 작가의 사회〉로 새롭게 다가오기 시작했다. 20대의 풍성한 감수성을 기대하기는 어려웠지만 영화 속 키팅(Keating) 교수의 속삭임이 바로 옆에서 들려오는 듯했다.

　"카르페디엠(Carpe-diem)!"

　'지금 살고 있는 이 순간에 충실하라'는 이 한마디가 귓가에 맴돌자, 순간 정신이 번쩍 들면서 나 자신에 대해 자각할 수 있었다.

　'그래, 한때 나는 왕성하게 책을 읽고, 3년 동안 독서법 강의를 하

고, 6개월 만에 독서법 책을 써낸 작가였지!'

솔직히 고백하건대 지난날 스스로를 뽐내기 위해 했던 '해로운 독서'는 나를 온전히 변화시키지 못했다. 그래서 나는 이러한 깨달음을 바탕으로 독자들에게 다시 일어설 수 있는 의욕과 용기를 불어넣어줄 '이로운 독서법'에 대한 책을 써야겠다고 결심했다.

이를 위해 나부터 먼저 마음을 다잡고 다시 '독서하는 삶'을 살기로 작정했다. 작가 스스로 먼저 왕성하게 독서를 해야 그것이 이 책을 읽을 독자들에 대한 예의라는 생각에 이르자, 의욕이 샘솟았다. 집에 돌아와 3년 전 서랍에 넣어두었던 5개의 목차 중 '읽으면 내 책이 되는 비밀 독서법(『아웃풋 독서법』의 가제)'을 선택했고, 그렇게 나는 글을 쓰기 시작했다.

2008년에 『맛있게 책 읽기』(경향미디어)를 출간하고, 다시 독서법에 관한 책을 내게 되어 가슴이 벅차다. 1,500권의 책을 읽었지만 아내의 한마디에 정곡을 찔리고, 무기력한 삶을 이어가며 끝없이 나락으로 떨어지는 경험을 하면서 나 자신을 변화시켜줄 '새로운 독서법'을 꼭 찾고 싶었다. 그렇게 발견한, 실제로 나를 다시 일으켜 세워준 '생산적인 독서법'을 많은 이에게 공유하고 싶었고, 나의 경험을 있는 그대로, 솔직하게 나누길 원했다. 아무에게나 알려주고 싶지 않고, 내게 소중한 사람들에게만 알려주고 싶은 그런 비밀 독서법에 대해서 말이다.

이미 시중에 많은 독서법 책이 쏟아져나와 있다. 네이버 검색창에 '독서법'을 입력하면 관련 도서만 수백 권이 뜬다. 대부분의 독서법 책은 '지적 유희를 위한 독서'를 전제로 한다. 이때 독서는 말 그대로 '취미로서의 독서'를 의미하고, 이러한 독서는 분명 꽉꽉한 인생을 말랑말랑하게 만들어주는 윤활유 역할을 한다. 하지만 여러분도 한 번쯤 취미로 하는 독서에 대해 다시 생각해볼 필요가 있다.

'취미로 읽은 몇 십 권, 몇 백 권이 나의 삶에 실제로 어떤 변화를 가져왔는가?'

나는 독서를 하다 보면 뇌의 회로가 바뀌어 창의력이 향상되고 그럴듯한 성과를 낼 수 있다는 뜬구름 잡는 고견들에 도전하고 싶었다. '스티브 잡스, 에디슨, 유명한 기업가들이 성공할 수 있었던 그 배후에는 치열한 독서가 자리 잡고 있었다'라는 거창한 독서 성공담은 이제 식상하기까지 하다.

그렇다면 우리 같은 평범한 사람들에게 독서란 그저 취미로만 머물러야 하는 걸까? 진정 독서를 통해 삶에 변화를 가져올 수는 없을까? 독서를 통해 '나만의 결과물'을 만들어낼 수는 없을까?

나는 이 책을 통해 '결과물을 만들어내는 생산적인 독서법'은 분명 존재한다는 점을 밝히고, 그 방법을 직접 전하고 싶었다. 책을 읽고 만들어내는 결과물에는 여러 가지가 있겠지만, 나는 '나만의 책 쓰기'로 이어지는 독서에 대해 이야기하고자 한다. 책을 읽고 나만의 책을 쓰겠다는 확실한 목적이 생기면 독서에 대한 의욕이 활활 타오르고 그 의욕은 자연스럽게 책 읽기로 이끌기 시작한다. 그렇게 한 권, 한 권 읽을 때마다 책 읽기와 책 쓰기가 선순환을 이루는 구조가 조금씩 형성되는 것이다.

그렇다고 여러분 모두 필자가 제안하는 생산적인 독서를 통해 당장 전문적인 책을 쓰라고 주장하는 건 아니다. 책 쓰기로 이어지는 책 읽기를 하려면 먼저 독서 방법부터 정비할 필요가 있다. 우선 자신의 관심사와 더불어 지난날 직접 경험했던 것, 그리고 주변 사람들에게 나누고 싶은 주제는 무엇인지 생각해보자. 그렇게 자신만의 테마를 정해서 그에 관한 책을 집중적으로 읽어야 한다.

나는 이러한 독서를 '아웃풋 독서법'이라고 칭하고 싶다. 아웃풋 독서법이란, 자신이 처한 특수한 상황에 필요한 정보를 책으로부터 효과적으로 취득하고 활용하여 결과물을 만들어내는 독서법을 일컫는다. 자신이 정한 주제를 중심으로 독서를 하다 보면 기존의 저자들이 시도하지 않은 분야가 눈에 들어오기 시작한다. 그 분야에 대해 파헤치고 여기에 자신만의 독특한 체험을 녹이면 참신한 스토리를 완성할 수 있다.

그리고 이렇게 완성한 스토리로, 독자도 단순히 읽는 자를 뛰어넘어 자신만의 기록물을 남길 수 있어야 한다. 다른 작가의 책을 읽고 수용하는 수동적인 입장에서 지식과 경험을 결합하여 자신의 책을 쓰는 능동적인 주체로 변화해야 하는 것이다. 나는 그러한 독자를 '창조적 지식 생산자'라고 부른다.

독서할 시간도 없고, 빽빽한 글자를 떠올리기만 해도 머리 아파 죽겠는데 이제는 책까지 쓰라고 하니, 이 책을 당장 집어던지고 싶을지도 모른다. 하지만 부디 인내심을 갖고 책의 마지막 장까지 꼭 펼쳐보길 바란다. 마지막 장에는 아웃풋 독서법을 통해서 저자를 포함한 평범한 사람들이 실제로 책을 써나간 일련의 과정을 소개한다. 또한 자신만의 책 콘셉트를 도출하고, 제목과 목차를 잡고, 서문과 본문을 쓰는 노하우와 함께 실제 작성 사례 등을 만나볼 수 있다.

막연한 독서법에 관한 책을 들었다가 뜬구름 잡는 이야기에 실망하고, 책을 읽어야만 하는 강력한 동기를 찾지 못해 독서가 시들해졌는가? 이 책을 읽고 힘을 얻어 독서에 대한 열정을 되찾고 조만간 자신만의 책을 쓰는 저자의 대열에 합류하게 되기를 소망한다.

목차

2부 책 쓰기로 이어지지 않는 책 읽기는 반쪽짜리 독서다

4장 책 쓰기 근육을 키워줄 기초 트레이닝

5장 작가의 꿈을 이뤄줄 책 쓰기 실전 시크릿
– 『어느 워킹맘의 인문학 사용 설명서』 가상 기획 과정 수록

1부

아웃풋 독서법으로
'독서 자존'을 세워라

1장

책과
멀어지게
만드는
고정 관념

01

읽는 놈 위에
쓰는 놈 있다

〈좋은 놈, 나쁜 놈, 이상한 놈〉(2008)이라는 영화를 보았는가? 1930년대 무법천지 만주에서 우연히 만난 조선의 세 남자가 보물 지도를 차지하기 위해 총격전을 벌이는 서부 액션 스타일 영화다. 영화에서는 결국 나쁜 놈이 혼란스러운 무법천지 무정부 상태에서 보물 지도를 차지하였다. 그렇다면 매일 기가바이트라는 어마어마한 양으로 쏟아지는 정보의 홍수 속에서 보물을 차지하는 사람은 누구일까? 매일 스마트폰만 '보는 놈'일까, 매일 책을 '읽는 놈'일까, 아니면 블로그에 글을 쓰거나 책을 '쓰는 놈'일까?

사람은 날마다 무엇을 보고, 읽고, 쓰느냐에 따라 생각이 달라진다. 생각의 변화가 곧 행동을 변화시키고 습관을 만든다. 그리고 습관의 변화는 운명마저 달라지게 할 수 있다. 2016년 통계청 자료에 의하면 우리나라 국민의 스마트폰 평균 이용 시간은 하루에 3시간인 것으로 조사되었다. 한편 하루 독서 시간은 6분에 불과하다. 게다가 1년간 한 권의 책도 제대로 읽지 않은 사람은 10명 중 7명이라고 한다. 문화체육관광부가 지적한 독서율 저하의 원인은 "학업의 경쟁 및 취업 준비와 바쁜 사회생활 등으로 인한 성인들의 시간적·정신적 여유의 단축", 그리고 "스마트폰의 일상적 이용과 같은 매체 환경의 변화"였다.

'일상의 생존을 위해 바쁘게 살다 보니 책을 읽을 여유가 없다'는 현실이 안타깝다. 한편 스마트폰 사용 시간의 증가로 독서 시간이 단축된 점은 곱씹어볼 필요가 있다. 물론 스마트폰 사용이 독서에 비해 무조건 나쁘다고 단정 지을 수는 없다. 상황에 따라 스마트폰은 아주 유용한 도구가 되기도 하기 때문이다. 스마트폰에서 이북(e-book)이나 다큐멘터리, 온라인 교육 사이트 등 생산적인 콘텐츠를 이용할 수도 있다. 그러나 책과 비교했을 때 두드러지는 스마트폰의 고유한 특성이 우리에게 미치는 영향을 간과할 수는 없다.

꾸준한 독서는 독자의 상상력을 자극하고 사고력을 높여주며 지능을 향상시킨다. 반면 하루 2시간 이상 스마트폰을 시청하는 것은 지능 향상에 역효과를 낸다. 미국 소아과학회(AAP)는 성인의 경우 하루 2시간 이상 스크린에 노출되지 않도록 주의를 요한다. 따라서 하루에 2시간 이상 스마트폰을 사용하고 있는 독자라면, 현재 생활 습관이 자신의 지능 발달에 악영향을 미치고 있다는 사실을 반드시 명심하기 바란다. 안타깝게도 대한민국 국민의 하루 평균 스마트폰 사용 시간은 3시간으로, '하루 2시간'이라는 가이드라인을 이미 넘어선 상태다. 장시간 스마트폰을 사용하면 정신이 마비될 지경이 이르고, 스마트폰의 콘텐츠나 정보를 일방적으로 수용하게 된다.

반대로 독서를 할 때 우리는 능동적으로 정보를 선별하고 자신의 기억 속에 저장되어 있는 배경지식을 끌어올려 보다 높은 이해에 도달할 수 있다. 독서는 인간의 뇌를 자극해 상상력과 창의성 같은 '생각 근육'을 강하게 키워준다. 전문가들은 독서 능력이 다가올 미래에 알파고와 같은 인공지능과의 경쟁에서 승리할 수 있는 무기가 될 것이라고 조언한다.

스티븐 스필버그(Steven Spielberg) 감독이 2010년에 선보인 공상과학 영화 〈에이 아이(A. I. [Artificial Intelligence])〉(2001)가 현실로 다가온 것 같은 착각이 들 정도로 인공지능의 진화가 눈부시다. 한편, 인공지능보다 뒤떨어지는 인간이 각종 직업이나 전문 분야에서 밀려날지도 모른다는 우려도 엄습해온다. 이런 상황에서는 자발적인 독서와 사유로 고도의 사고 능력을 갖춰야 생존이 가능하다고 해도 무방하다. 따라서 조물주가 인간에게 선물한 오감과 공감 능력으로 외부에서 오는 수많은 자극을 수용할 줄 알아야 하고, 상황에 따라 유연하게 대처할 수 있는 판단 능력을 갖춰야 한다.

그렇다면 4차 산업혁명 시대에 쏟아지는 정보의 홍수 속에서 읽는 놈, 보는 놈, 쓰는 놈 중 승리자는 누구일까? 우선 꾸준하게 책을 읽는 놈은 날마다 3시간 이상 스마트폰만 보는 놈을 이길 수 있다. 독서를 통해 생각의 힘을 키워 알파고와 같은 인공지능을 넘어설 수 있기 때문이다.

이제 책을 '읽는 놈'과 '쓰는 놈'의 결투가 남았다. 읽는 놈의 최종 승리를 위해서라도 최고의 책잡이를 결투에 내보내야 한다. 솔직히 책을 읽는 것은 결코 쉬운 일이 아니다. 모든 사람이 짧은 시간 안에 책을 읽는 방법을 익힐 수도 없다. 제대로 된 독서 습관을 형성하지 못한 것이 성인 독서량 감소를 가져왔다는 조사 결과가 이를 뒷받침한다. 이처럼 독서는 타고난 능력이 아니라 후천적인 노력을 통해 습득되는 일련의 과정이다. 따라서 읽는 놈과 쓰는 놈의 결투를 보기 전에, 제대로 훈련된 독서 능력이란 무엇인지에 대한 점검이 필요하다. 독서 능력과 관련해서는 '책 속의 정보를 얼마나 흡수할 수 있는가'도 중요하다. 동시에 책을 읽을 때 스스로 질문하고 답하면서 사고의 폭을 넓혀야 경쟁력 있는 독서가가 될 수 있다.

이는 골프 선수들이 실전 게임에 나가기 전에 스크린 골프장에서 실전을 방불케 하는 가상 연습을 하는 과정과 비슷하다. 스크린 골프 연습장은 국내외 유명 골프 코스를 표준화하여 실제 필드에서처럼 스스로 경기를 시뮬레이션 할 수 있다. 바로 이런 부분이 알파고의 위협적인 경쟁력이다. 따라서 우리 인간들도 인문 고전 등 다양한 분야의 책을 읽고 나서는 자문자답과 끝장 토론을 통해 사고의 깊이와 폭을 확장시켜야 한다. 최소한 해당 분야의 전문가인 작가를 넘어설 수 있는 '생각의 혁신'이 필요하다.

책을 읽는 놈 중에서도 진짜 하수는 '작가를 우러러보는 놈'이다. 그는 책의 정보를 작가의 의도대로 일방적으로 수용하는 책잡이에 불과하다. 그저 읽기만 하는 바보는 책을 통해 사고를 확장시키지 못하고 작가의 주장과 생각의 노예가 되고 만다. 작가의 핵심 메시지에 일방적으로 함몰되는 것이다. 반면, 책 읽는 고수, 아웃풋 독서가는 작가를 자신의 고급 정보원으로 여긴다. 그는 먼저 저자의 집필 의도에 집중한다. 작가의 두뇌를 헤집고 다니듯이 책 전반에 걸쳐 작가가 주장하는 핵심 메시지를 훔쳐낸다.

일본의 다독가 다치바나 다카시는 저서 『도쿄대생은 바보가 되었는가?』(청어람미디어)에서 '제너럴리스트(Generalist)'의 폭넓은 사고방식을 강조했다. 한 분야만 아는 '스페셜리스트(Specialist)'에서 벗어나 통합적인 관점에서 세상을 바라보고 해석할 수 있는 능력을 갖추라는 제안이다. 제대로 읽는 놈이라면 다양한 관점에서 작가가 주장하는 핵심 메시지의 근거가 무엇인지 찾아볼 것이다. 그는 자신만의 관점에서 반론을 제기하며 작가와의 '지적 스파링(권투에서, 헤드기어를 쓰고 실전과 같게 하는 연습 경기)'을 주저하지 않는다.

하지만 제대로 읽는 놈도 인공지능이 아닌 사람이기에 기억력에 한계가 있다. 또한 독서 후에 발견한 핵심 메시지와 감동적인 문장은 시간이 지나면서 점점 잊혀진다. 헤르만 에빙하우스(Hermann Ebbinghaus)의 '망각곡선 이론'에 따르면, 한 권의 책을 하루 단위, 일주일 단위로 반복해서 읽어야 책 내용을 오래 기억할 수 있다고 한다. 나아가 독서 후에 핵심을 요약하고 서평을 쓰는 등 글로 흔적을 남겨야 장기기억 속에 저장된다. 그저 읽기만 하는 바보가 독서 후에 한 줄이라도 쓰는 놈을 이길 수 없는 이유가 여기에 있다.

쓰는 놈은 작가의 핵심 메시지를 파악하고 작가의 어깨 위에 올라선다. 자신만의 독특한 해석을 가미하여 블로그에 글을 쓰고, 나아가 차별화된 전문 지식과 독특한 체험을 결합하여 책을 쓴다. 책을 제대로 읽어냈다 해도 이렇게 독서 후 흔적을 남기지 않으면 결국 쓰는 놈과의 결투에서 이길 수 없다. 결국 독서는 독서 후에 이뤄지는 글쓰기나 책 쓰기로 완성된다.

따라서 이 책의 1차 미션은 독자를 우선 제대로 읽는 놈으로 만드는 데 있지만, 2차 미션은 제대로 읽는 놈에서 책을 쓰는 놈으로 변신키는 데 있다.

02
인생을 바꾼 한 권에
얽매이지 마라

"당신의 인생을 바꾼 한 권의 책은 무엇입니까?"

바로 떠오르는 책이 있는가? 갑작스러운 질문에 순간 말문이 막힐 수도 있을 것이다. 수십 년을 살았음에도 제대로 읽은 책이 없을지도 모르고, 수백 권의 책을 읽었지만 인생을 흔들고도 남을 울림이 있는 책을 아직 만나지 못했을 수도 있다. 세상에 수천만 권의 책이 있듯이, 책을 읽는 자들 또한 저마다 얼굴도 다르고 걸어온 인생의 궤적 또한 다르다. 따라서 똑같은 책도 누가 읽었냐에 따라 반응이 달라지는 건 지극히 자연스러운 현상이다.

『내 인생을 바꾼 한 권의 책』(리더스북)은 유명 작가의 책 제목이기도 하다. 유명 인사들은 자신의 책에서 삶을 변화시킨 한 권의 책에 대한 인생 역정 스토리를 풀어놓곤 한다. 그리고 독자들은 저마다 유명인들의 삶에 영향을 미친 책들에 얽힌 사연에 공감한다. 그들의 이야기에 자신의 인생을 반추해보기도 하고, 격려를 받아 다시 일어설 수 있는 용기를 얻기도 한다. 그런데, 엄밀히 말하면 작가가 처해 있던 특수한 상황은 내가 처한 상황과 다르다. 따라서 유명인에게 영향을 미친 한 권의 책은 본질적으로 저자 본인의 상황에 적합한 책이라고 할 수 있다.

책을 제대로 읽는 생산적 독서가라면, 여기서 한 발 더 나가야 한다. '인생을 바꾼 한 권의 책이 무엇인가?'라는 질문의 정확한 의도나 의미에 집중할 필요가 있다.

예를 들어 『내 인생을 바꾼 한 권의 책』이라는 콘셉트에는 출판 기획자가 판매를 극대화하기 위해 어떤 의도를 진하게 녹였을 수도 있다. 하지만 그보다 더 중요한 핵심은 '인생을 바꾼다는 의미'를 제대로 이해해야 한다는 것이다. 도대체 얼마만큼 영향을 미쳐야 인생을 바꾸었다고 할 수 있을까? 예술 분야에 종사하며 톡톡 튀는 개성을 자랑하는 이들이 인생을 바꾼 책의 의미를 어떻게 해석하는지 귀를 기울여보자. 그러다 보면 '인생 책 찾기'에 대한 단서를 발견할지도 모른다.

저자의 생각에 휘둘리지 않는 자기주도적 독서가들에게는 또 다른 주특기가 있는데, 이는 자신과 독자의 궁금증을 해결하기 위해 적절한 질문을 던지고 이 문제에 단서를 제공할 만한 고급 정보원을 포섭하여 등판시킬 줄 안다는 것이다.

20년 동안 신문기자로 살며 언론계에서 잔뼈가 굵은 어수웅의 책 『탐독』(민음사)을 전격적으로 채택하여 아웃풋 독서가의 미션을 수행해보도록 하자.

고급 정보원 어수웅은 소설가 김영하를 만나 '나를 바꾼 단 한 권의 책'의 의미를 물었다. 그러자 김영하 작가는 "엄밀하게 말해 내 인생을 바꿨다고 하기에는 어렵죠."라고 일단 방어막을 쳤다. 똑같은 질문을 소설가 김중혁에게 들이대자, 그는 퉁명스럽게 답변했다. "책이 삶을 바꾸지 않지만, 한 권을 읽고 나면 마음의 위치가 0.5센티미터 정도 살짝 옮겨지는 것 같다."라며 중용의 도(?)를 보였다. 그러나 소설가 은희경의 대답은 그들과 달랐다.

"책이 사람을 크게 바꾼다고 생각해."

소설가라는 동일한 직업을 가졌음에도, 책이 인생에 영향을 준 정도나 방식은 저마다 처한 상황과 개인의 성향에 따라 달라질 수 있음을 발견하게 되는 대목이다.

결국 내 인생에 영향을 주고, 인생을 바꿀 만한 책은 스스로 찾아야만 의미가 있다. 내 인생을 바꾼 한 권의 책이라는 화두나 질문에 너무 얽매여 있지는 않은지도 생각해봐야 한다. 모든 질문에는 의도가 있기 때문이다. 게다가 '한 권'이라는 말에서도 벗어날 필요가 있다. 내 인생을 바꾼 책이 꼭 한 권일 필요는 없지 않은가?

한번은 텔레비전을 보다가 채널을 돌리려던 차 KBS 1TV의 〈TV 책〉이라는 프로그램을 보게 되었는데, '다시 책 읽는 대한민국'이라는 코너에 가수 타블로가 출연하였다. 그가 일단 필자처럼 영문학을 전공한 문학도에 평소에도 책을 즐겨 읽는다는 사실에 끌리기도 했고, 가슴 뭉클한 가사를 써왔다는 점에 이끌려 관심 있게 시청하기 시작했다. 특히, 현재의 자신을 만든 책이 한 권이 아닌 세 권이라고 한 점이 매우 인상적이었다.

"그래, 인생에 지대한 영향을 미치고 삶을 바꿀 만한 책이 꼭 한 권일 필요는 없지. 세 권쯤은 되어야지!"

이렇게 혼자 중얼거리던 중 타블로가 소개하는 세 권의 책에 필이 꽂혔다. 그는 시청자들에게 거창한 책들로 정신적 부담을 지우지 않았다. 아버지와 아련한 추억을 떠올리며 9살에 보았던 영문 만화『캘빈과 홉스』(홍익미디어플러스)를 소개했다. 다음으로는 조금은 엉뚱해 보이는 그답게 상식을 뒤집는 질문들로 이루어진『위험한 과학책』(시공사)에 대해 이야기했다. 마지막으로 소개한 한 권은 학력 위조 논란으로 가장 힘들었을 때 배우 고현정이 선물해준『네 고통은 나뭇잎 하나 푸르게 하지 못한다』(문학동네)였다.

주관이 뚜렷하고 개성 있는 삶을 추구하는 젊은 연예인인 그가 소개한 책들이 생소하고 낯설게 느껴질 수도 있다. 다른 유명인들이 일반적으로 추천하는 불멸의 고전이 아니라서 두 권 정도는 자칫 가벼워 보일지도 모른다. 하지만 그래서 더더욱 필자에게는 타블로가 말한 책 목록이 신선했다.

타블로 인생에 걸쳐 자신에게 아름다운 추억을 선사하고, 그의 생각의 틀을 깨주고, 가장 힘들 때 위로가 되어준 책은 당사자에게 당연히 소중하다. 그가 마주쳤던 상황에 적합한 책이었기에 그 자체만으로도 의미가 있다. 사람마다 얼굴이 다르고 지문의 생김새도 다르듯, 독자들 또한 인생을 바꿀 정도로 큰 힘이 있는 책은 스스로 찾아야 한다.

그렇다면 도대체 몇 권을 읽어야 인생을 바꿔줄 책과 운명적으로 만날 수 있을까? 혹은 이미 스쳐간 책들에서 주옥같은 메시지를 발견하지 못했던 건 아닐까?

이에 광고인 박웅현은 『책은 도끼다』(북하우스)에서 다독이 중요한 게 아니라, 1년에 다섯 권을 읽더라도 밑줄 친 부분이 얼마나 있느냐가 중요하다고 강조한다. 그는 밑줄 친 부분이 곧 울림을 주는 문장이라고 말한다.

● "저는 책 읽기에 있어 '다독 콤플렉스'를 버려야 한다고 생각합니다. (…) 올 해 몇 권 읽었느냐, 자랑하는 책 읽기에서 벗어났으면 합니다. 일 년에 다섯 권을 읽어도 거기 줄 친 부분이 몇 페이지냐가 중요한 것 같습니다. 줄 친 부분이라는 것은 말씀드렸던, 제게 '울림'을 준 문장입니다. 그 울림이 있느냐 없느냐가 중요한 것이지 숫자는 의미가 없다고 봅니다."

– 박웅현, 『책은 도끼다』 중

책을 깨끗하게 보는 독자도 있지만 밑줄을 그으면서 읽는 분도 많을 줄로 안다. 그 밑줄 친 부분이 소위 울림을 주는 문장이라는 독서 거장의 말은 정말 반가우면서도 고무적이다. 특히 초보 독서자에게 왕성한 독서 의욕을 불러일으키기에 충분하다.

그런데 독서계의 거장 박웅현이 읽은 책을 일반 독자가 읽더라도 그와 비슷한 감동을 받을 수 있을까? 박웅현만큼 울림을 줄 만한 중요한 구절을 건져 올리거나 숨겨진 행간의 의미를 읽어낼 수 있을지는 의문이다. 드라마에서 단 한 번에 운명의 배우자를 만나듯, 자신의 인생을 바꿔줄 인생의 책을 한 번에 만날 수도 있다. 하지만, 첫사랑과는 대부분 이루어지지 못하고 여러 이성과의 만남을 거쳐 결혼에 골인하듯, 상당한 양의 책을 읽어야 내 인생의 책을 만날 가능성이 높아진다.

물론 여러 사람을 사귀다 보면 이별 후 상처를 받기도 한다. 하지만 여러 번의 연애 경험 끝에 평생을 같이할 나만의 한 사람을 만나면 미숙한 사랑의 티를 벗고 보다 성숙한 사랑을 할 수 있다. 마찬가지로 책을 많이 읽고 인생의 경험이 쌓이면 배경 지식이 증가하여 동일한 책을 읽더라도 더 넓고 깊게 이해할 수 있다.

한 권의 책은 작가의 분신이다. 독자는 책을 통해서 저자라는 분신을 만나 대화하고 감정을 교류하며 깊게 빠져들기도 한다. 내 인생의 운명 같은 책을 단 한 번에 만난다면 참으로 다행이고 축하할 일이지만, 수없이 많은 책을 거쳐 나만의 '인생 책'을 만나더라도 너무

늦었다고 자책할 필요는 없다. 그저 시간이 좀 더 걸렸을 뿐, 책 내용에 대한 이해의 폭이 넓어졌다는 점에 만족할 수 있어야 한다.

또한 내 인생의 책이 꼭 한 권일 필요는 없다. 삶의 전환기 혹은 위기의 순간, 그리고 가장 행복한 순간에 '인생 책'과 만나게 될 수도 있다. 아무리 하찮아 보이는 책이라도 당신이 어떤 의미를 부여하느냐에 따라 최고의 책이 될 수도 있음을 기억하라.

이제부터 작가가 쓴 책의 이름을 불러주고, 마음에 품어보라. 그 책이 가슴속에서 아름다운 꽃으로 피어나 향기로 당신을 적셔줄 것이다. 누구에게는 한 송이 장미꽃으로, 다른 누구에게는 안개꽃 다발로 다가오는 차이일 뿐, 당신이 의미를 두는 그 순간 그 책은 이제 당신의 삶에서 꽃피운 가장 아름다운 꽃이 된다.

03

권장 도서 100권에
짓눌리지 마라

'100'이라는 숫자에는 묘한 마법이 있다. 사람들은 서로 약속이라도 한 듯 100이라는 숫자에 열광한다. 아기의 100일 잔치, 수능 대비 100일 기도회, 애인과의 100일 기념 이벤트, 입사 100일 기념 파티, 100주년 기념 추도회 등 '요람에서 무덤까지' 100이라는 숫자를 즐겨 사용한다.

뿐만 아니라 각종 교육 기관이나 출판사에서도 어김없이 '권장 도서 100권'을 제시한다. 그런데 100일 기념식이나 이벤트에는 대부분 열을 올려 축복하지만, 유독 권장 도서 100권에는 토를 다는 일이 많다. 100권 전집을 팔기 위한 출판사의 마케팅 전략이 숨어 있다며 음모론을 들이대기도 한다. 어떤 이는 "권장 도서가 10권만 돼도 책을 읽겠는데……." 하며 말끝을 흐린다.

교육열이 높은 한국인들의 무의식 속에 새겨진 100이라는 숫자의 상징성은 다른 나라에 비해 훨씬 강력해 보인다. 어릴 때부터 100점을 받아야 선생님과 부모님들로부터 칭찬을 받을 수 있었던 기억이 영향을 미치는지도 모른다. 한편, 서울의 상위권 대학에 진학하기 위한 논술 사교육 시장에서는 '중고등 학생들을 위한 서울대 권장 도서 100권'이 유행이다. 100권 리스트는 교과서 이상의 영향력을 발휘하고 있다. 성인 출판 시장에도 인문학 열풍이 불면서 서울대 권장 도서 100권에 포함된 고전들에 대한 관심이 높아졌다.

다른 100권 리스트에는 회의를 품었던 사람들도 상업적인 의도가 엿보이는 출판사가 아닌 국립 일류 대학에서 제시한 권장 도서 100권에는 신경이 쓰이는 모양이다. 책을 다 읽지는 않더라도 그중 내가 읽은 책이 몇 권이나 되는지 리스트를 훑어보기라도 해야 할 것 같은 압박감마저 든다.

실제로 리스트를 보면 한국 문학, 외국 문학, 동양 사상, 서양 사상, 과학 기술 분야로 구성되어 있다. 그런데 신기하게도 제목은 어디서 많이 들어봤는데 원전을 처음부터 끝까지 본 기억은 없는 게 대부분이다. 지난날 원전의 감동을 추억의 돛단배에 실어 망각의 강으로 흘려보냈노라고 자위해보지만 왠지 찜찜하다.

이런 상황에서 아웃풋 독서가는 어떤 선택을 할 수 있을까? 그들은 먼저 건설적이고 합리적인 의심부터 하기 시작한다. 서울대 권장 도서 100권에 대한 숭배 의식을 일단 머릿속에서 지운다. 그리고

100권을 제시한 서울대 측의 '순수한 선정 의도'에 집중한다.

독자들의 이해를 돕기 위해 '서울대 학생을 위한 권장도서 100선' 홈페이지[1]에 나온 선정의 변(辯)을 간략하게 살펴보기로 하자. 이는 후기 정보화 시대의 도래로 인해 테라바이트(Terabyte) 급으로 정보와 지식이 늘어나자, 이제 더 이상 개별 전공 지식만으로 현실의 이슈를 해결하기는 어렵다는 성찰에서 시작되었다. 또한, 복잡다단한 미래의 양상을 다양한 관점으로 해석하고 능동적으로 대처하기 위해서는 학습 능력을 끊임없이 함양해야 한다는 데 그 의의를 두고 있다. 그리하여 각자의 전공을 넘어서서 "종합적인 판단력과 비판적 사고력"을 제고하기 위한 방안으로 "인문·사회·자연 과학의 기초학문 분야를 바탕으로 하는 기초교육 강화에 중점을" 둘 것을 강조한다. 그리고 실질적 효과를 위한 중요 과제로 '서울대 학생을 위한 권장도서 100권'을 선정함으로써 평생에 걸쳐 다양한 고전을 탐독하고 창조적인 지식 생산가로 살아가라는 메시지를 전한다.

서울대 학생을 위한 선정 취지를 읽어본 독자의 소감은 어떠한가? 필자는 홈페이지에서 이 내용을 읽고 종이에 옮겨 적었는데 이를 책 원고를 쓰기 위해 컴퓨터에 핵심 내용을 입력하면서 그들의 말에 설득당하고 있는 나 자신에게 화들짝 놀랐다. 구구절절 틀린 말은 하나도 없을 뿐 아니라, 그들이 제시한 100권을 읽지 않으면 지식기반

---

1 〔서울대 학생을 위한 권장도서 100선 홈페이지〕 http://http://book100.snu.ac.kr/book

사회(지식과 정보가 가치의 중심이 되는 사회)에서 도태될 것 같은 불길한 예감에 사로잡혔다.

오호 통재라! 이렇게 서울대 측의 100권 선정 취지를 무색하게 만들 반론을 제기하겠다던 아웃풋 독서가의 호연지기는 한순간에 소멸되는 것인가? 하지만 여기서 포기할 수는 없다. 아웃풋 독서가의 멘탈 강화를 위해 고급 정보원인 독서의 거장을 등판시켜 권장 도서의 선정 취지와 한 판 승부를 감행해보자.

"책의 권위에 눌리지 말라."

책에 대한 독자의 해석을 강조하는 광고인 박웅현은 서울대 권장 도서 100권이 모든 사람에게 권하는 획일화된 사회의 모습에 쓴소리를 하고 나섰다. 그는 『생각 수업』(알키)에서 건설적인 비판 없이 책의 내용을 그대로 받아들이는 독자들의 자세에 관해 날카롭게 지적한 바 있다.

- "궁극적으로 제가 하고 싶었던 이야기는 '책의 권위에 눌리지 말라'는 것이었습니다. 우리는 모두 어느 정도 책의 권위에 눌려 있는 경향이 있어요. 그러나 아무리 좋은 책이라 해도 내 안에서 의미가 생기지 않는다면, 그 책은 읽으나 마나입니다. 아무리 많은 석학이 별로라고 했어도, 그 책을 읽고 내 안에서 의미가 생긴다면 그 책은 좋은 책이고요.

이것이 나에 대한 존중, 곧 자존입니다."

- 박웅현 외, 『생각 수업』 중

원전에 대한 기억이 없다고 실망하거나 일류 대학교가 제시한 100권의 상징성에 미리 기가 꺾일 필요는 없다. 권장 도서는 말 그대로 권장이지 반드시 필수로 읽어야 할 도서는 아니다. 읽지 않아도 만수무강에는 지장이 없다는 말이다. 읽을지 말지에 대한 선택은 오롯이 독자 자신의 몫이다. 의무 사항이 아니라 선택 사항, 시쳇말로 옵션이다(이 시점에서 동병상련의 깊은 정을 느끼는 독자들에게 심심한 위로를 전한다).

우리의 '자존'을 높이기 위해 내 안에서 의미가 생기는 책에 대한 탐험은 여전히 계속되어야 한다. '자존을 지키는 독서'는 책을 선택할 권리를 충분히 누리면서도 선택에 대한 부담감은 지고 가는 것을 전제로 한다. 박웅현이 『책은 도끼다』에서 새롭게 해석한 책들을 읽어 보는 것도 한 가지 방법이다. 하지만 자신에게 의미 있는 책을 선택하는 것이 곧 자존이라는 도끼 같은 조언이 마음에 걸린다. 그러므로 인문학을 활용하여 종합적 사고력과 판단력을 기르고 지식기반 사회에서 지속적으로 지식을 창출할 수 있는 방법을 찾아 나서야 한다.

인문학을 읽기만 하는 바보에 머무르면 의미가 없다. 내 안에서 생기는 의미를 발견하고 자신만의 책을 쓰는 일련의 과정을 실천하고자 노력하는 사례에 주목할 필요가 있다. 그런 의미에서 대구시 교육청이 발표한 '인문학 책 100권 읽기' 프로젝트는 본받을 만하다. 이는 초등학교 입학 후 약 12년간 인문학 책을 읽고, 100번 토론하며, 그 결과를 1권의 책으로 남기는 장기 프로젝트, 즉 '인문학 100-100-1 프로젝트'다.

이 프로젝트에서 주목해야 하는 사실은 권장 도서를 100권으로 한정 짓지 않고, 학생들의 수준과 흥미에 따라 359권 중에서 책을 선택할 수 있는 권리를 부여했다는 점이다. 또 인문학 열풍 등 출판계 트렌드의 영향을 받지 않고 12년 동안 장기적인 프로젝트로 진행된다. 토론을 통해 자신에게 의미 있었던 부분을 공유하고 때로 비판적인 날을 세운다. 거기서 멈추지 않고 토론에서 얻은 자신만의 결과물로 한 권의 책을 발간하는 일련의 과정이 인상적이다.

서울대 권장 도서 100권이나 대구시 인문학 프로젝트에서 제시된 100권의 책이 누구에게나 적합한 목록일 수는 없다. 따라서 리스트 자체보다는 선정 배경이나 선정 취지에 주목하고, 그중에서 자신에게 의미가 있는 책을 선별하는 데 중점을 두어야 한다.

동시에 인문학 혹은 동서양 고전들이 시류에 따라 읽고 마는 그런 류의 책이 아님을 명심하자. 대구시 인문학 프로젝트는 12년간, 그리고 서울대 권장 도서 100권 역시 대학 졸업 후에도 옆에 두고 평생에 걸쳐 진행해야 하는 '인생 프로젝트'라는 점을 우리에게 시사한다.

핵심은 먼저 자신에게 의미 있는 책을 선택하여 독서가로서의 자존을 세우는 일이다. 책 속에서 발견한 의미에 자신의 생각과 의견을 결합하여 나만의 책을 쓰는 사람으로 스스로를 격상시켜라. 단순히 책을 소비하는 독자에서 자신의 책 한 권을 완성하는 창조적 지식 생산자로 변신함으로써 '독서 자존'이 올라가는 것을 몸소 체험해보기 바란다.

04
인문학은
속성으로 끝내는 이벤트가 아니다

"뭣이 중헌디, 뭣이 중허냐고? 뭣이 중헌지 모름서."

호불호가 갈리면서도 관객 1,000만 명을 넘긴 영화 〈곡성〉(2016)에서 건져 올린 대사다. 영화의 맥락과는 조금 차이가 나지만, 이 대사가 유행하면서 각종 패러디들이 쏟아졌다. '포장 이사보다 뭣이 중헌디?', '치킨보다 뭣이 중헌디?', '이 신발 말고 뭣이 중헌디?' 등 여기에 나는 이렇게 덧붙이고 싶다.

"사람보다 뭣이 중헌디, 뭣이 중허냐고? 뭣이 중헌지 모름서."

인문학은 사람에 관한 공부다. 다른 무엇(사물)과도 비교할 수 없는, 삶의 주체인 사람을 사람답게 하는 학문이다. 사람과 사람 사이, 즉 인간(人間)에 관한 공부다. 나아가 인간 자신이 만들고 발전시킨 인류 문명에 대해 연구한다. 다른 관점에서는 스스로 구축한 고도의 인류 문명으로부터 소외된 인간에 대해 심층적으로 탐구하는 학문이기도 하다. 다시 말해 인생에서 정말로 '뭣이 중헌지'를 깊게 공부한다.

이와 같은 인문학 본연의 취지에서 조금 벗어나서 출판계와 강연 시장을 중심으로 인문학 열풍이 불고 있다. 일반적으로 인문학의 범주는 문학, 역사, 철학(소위 '문·사·철')으로 나뉘고, 보통 '동서양 고전'으로 회자된다. 그런데 인문학이 크게 유행하면서 연관성이 없어 보이는 다른 분야나 상품과 얼기설기 엮인, 정체불명의 유사 인문학이 넘쳐나고 있다. 무분별하게 인문학 열풍에 휩쓸리다 보면, 머지않아 헤어 나오기 어려운 '인문의 늪'에 빠져 허우적거리는 자신을 발견하고, 제대로 인문학 공부를 시작해보기도 전에 좌절부터 맛보게 될 수도 있다.

이럴 때 아웃풋 독서가라면 합리적인 의심으로 인문학 열풍의 근원부터 되짚어봐야 한다. 사실 인문학 열풍의 직접적인 계기는 고(故) 스티브 잡스의 주옥같은 연설에서 시작되었다. 정확히는 그가 아이폰 신제품 발표회에서 '인문학과 과학 기술의 교차점에서 탄생한 것이 애플'이라고 선언하면서부터다.

- "It's in Apple's DNA that technology alone is not enough. It's technology married with liberal arts, married with the humanities, that yields the results that make our hearts sing(애플

의 DNA에는 기술만으로는 충분하지 않다는 사실이 내재해 있다. 인문 교양과

결합되고, 인문학과 융합된 기술이 우리의 가슴을 울리는 제품을 내어준다)."

- Apple Special Event Presentation 2011

(2011년 애플 스페셜 이벤트 프레젠테이션)

애플의 성공 요인이 CEO 스티브 잡스의 인문학적 소양과 예술적 통찰력에 있다는 해석이 덧붙자, 우리나라 기업들과 출판사들이 열렬하게 반응하기 시작했다.

기업들은 스티브 잡스의 인문학적 소양과 예술적 통찰력을 단기간에 갖추기 위해 각기 다른 방식으로 왕성하게 인문학을 소비했다. 사내 교육에도 인문학이 커리큘럼으로 배정되었고, 대기업들은 앞다투어 채용할 때도 인문학적 소양을 참고하겠다고 발표했다. 기업의 CEO와 임원, 일부 팀장급 리더들은 새벽 조찬 모임과 각종 기관에서 주관하는 주간·야간 인문학 강좌에 몰려들었고, 그들이 인문학 열풍을 주도해갔다. 능동적으로 인문학적 사유에 집중하기보다 원전에 대한 인문학 강사의 '해석'에 환호했다.

그러나 인문학은 단기간에 원전에 대한 지식을 늘려가는 지적 유희가 아니다. '고가의 6개월 속성 인문학 교양 사관학교' 수준에 머무르게 된 건 아닌지 점검이 필요한 대목이다.

그 와중에 출판사들은 도서관 서고에 잠들어 있던 인문학이 기지개를 켜고 거대한 트렌드로 몰려오리라 확신했고, 실용적 인문학으

로 발 빠르게 반응하기 시작했다. 출판사는 기업에서 인문 소양을 갖춘 인재를 선호한다는 점과 지식기반 사회에서는 반드시 인문학을 해야 한다는 당위성을 은근히 강조했다. 그렇게 날마다 조금씩 독자들의 불안 심리를 자극했다.

『인문의 숲에서 경영을 만나다』(21세기북스)로 촉발된, 인문학과 경영학을 필두로 한 실용학문과의 창조적인 결합이 일어나면서 문·사·철이라는 키워드가 대중에게 통하기 시작했다. 자기 계발이나 다른 분야의 실용 서적에도 인문학을 덧칠해서 '유사 인문학'이라는, 잘 팔릴 만한 장르를 개척했다.

이러한 노력이 인문학에 대한 관심을 높이는 데는 분명 기여한 게 사실이지만, 실용 도서에 인문학이라는 소스를 뿌려 독자들을 인문학을 소비하는 주체로 전락시킨 측면이 있음을 결코 부정할 수는 없다. 삶의 중요한 가치를 깊이 사유하고 의미를 찾아가는 순수 인문학 본연의 가치를 일부 훼손시켰다고도 볼 수 있다.

한편으로는 '고대부터 현대까지 사회적으로 성공한 사람들의 배후에는 고전 독서가 있었다'는 그럴듯한 논리를 내세웠다. 고전 원전을 탐독하라며 부드러운 필치로 강력하게 리드하기 시작하자 수십만 독자들이 열광했고, 일부 독자는 동서양 고전 원전 독서에 도전하기 시작했다. 하지만 독자 개인의 힘으로 동서양 고전을 스스로 해석하고 삶에 적용하는 과정은 동기부여만으로 이뤄질 수 있는 게 아니다. 출판사의 노력이 독자에게 자기화·내면화에 대한 가이드를 제시하거나 실질적인 보증을 해주는 데까지는 미치지 못한 것으로 보인다. 물론 동서양 고전 책 읽기에 대해 강력한 동기부여를 했다는 점에 대해서는 이견이 없는 듯하다.

그렇지만 원전 고전 읽기에 대한 부담은 여전히 독자의 몫으로 남아 있다. 특히 인문학이 대학생이나 직장인들 사이에서 생존을 위해 반드시 이수해야 하는 필수 과목으로 취급되다 보니, 여전히 갈피를 잡지 못하는 모양새다. 사실 인문학의 늪에 빠져 좌절하는 경우는 크게 세 가지 유형으로 나눌 수 있다(필자의 사견이니 다른 유형이 생각나시거든 서평으로 피드백해주시면 추가할 의향이 있다).

첫째, 왜 자신이 인문학을 해야 하는지도 모르고 쫓아가다가 쉽게 넘을 수 없는 인문학의 벽에 부딪히는 경우다. 혹은 동서양 고전 원전을 읽으면 성공할 수 있다는 자기 계발 전도사의 최면에 걸려 겁도 없이 원전에 들이댔다가 머리가 깨지는 경우다.

둘째, 인문학과 유사 인문학의 정체를 구분하지 못하는 데 그 원인이 있다. 유사 종교나 다단계에 빠진 사람처럼, 전집류의 책값과 비싼 수강료, 환산할 수 없는 소중한 시간과 에너지를 유사 인문학에 쏟아붓는다. 그러면서도 여전히 변화하지 않는 자신의 모습에 실망한다. 그렇게 자의 반 타의 반으로 인문학의 늪에 잠겨 있는 경우다. 심지어 자신의 의지박약을 탓하며 용한 다른 인문학 강사를 찾아다닌다. 도서관의 기적을 재현하기 위해 때로 멀쩡한 직장까지 버리고 고전 읽기에 몰두하기도 한다.

셋째, 인문학의 분야가 얼마나 넓고 깊은지도 모른 채 '인문의 바다에 빠지라'는 말에 헛발질하는 경우다. 이때 발버둥 칠수록 인문학의 늪으로 잠수하여 다시 떠오르기 어려워질 수도 있다는 사실을 명심하자.

혹시 앞선 세 가지 유형에 속해 있는가? 인문학의 열풍은 조만간 꺼져버리는 유행에 불과할 수도 있다. 잠시 인문학 열풍이 가라앉기를 기다려도 좋다. 사실 본연의 인문학은 물질적 요소보다 더 소중한 가치에 천착하는 학문이다. 잠시 몇 개월 만에 속성으로 마스터할 수 있는 이벤트성 행사가 아니다. 적어도 2, 3년쯤 걸리는 중장기 프로젝트로 여기고 접근하는 편이 합리적이다. 『멈추면, 비로소 보이는 것들』(쌤앤파커스)이 있다고 말하는 책 제목에 잠시 기대어 마음의 여유를 찾는 지혜도 필요하다. 그러한 과정을 거친 후 인문학 여행에 다시 합류해도 늦지 않다.

인문학은 기본적으로 나에 대한 성찰로부터 시작된다. 가던 길을 잠시 멈추고, '나는 누구이며, 살아가는 목적은 무엇이며, 어떻게 살 것인가'에 대해 스스로에게 질문을 던짐으로써 인문학을 향한 여정을 시작할 수 있다. 지금까지 나름대로 잘 살아왔을지라도, 스스로 자기 점검의 시간을 가지면서 인생의 큰 방향을 가다듬고, 삶의 우선순위를 재조정나가는 긴 여정인 것이다.

결국 인문학이 추구하는 목적지는 '행복'이다. 자신이 행복해지기 위해서는 누구를 만나 문제 꾸러미를 풀어놓고 대화하면 좋을지 잠시 생각해보라. 인문학의 의의는 동서양 고전의 저자들을 조용히 불러내어 그들과 대화하며 흐트러진 마음을 부여잡는 데 있다. 그래야 삶에 대한 열정적이고 긍정적인 태도를 회복하고, 생사의 갈림길에서도 다시금 살아갈 수 있는 용기를 얻게 된다.

05
속독과 정독이라는
이분법에서 벗어나라

"속독이냐 정독이냐, 그것이 문제로다."

독서에 관심이 있는 사람이라면 대개 책을 빠른 속도로 읽기를 소망하게 마련이다. 그런데 왜 책을 빨리 읽는 데 유난히 관심이 많을까? 일상이 너무 바쁜 나머지 짧은 시간 안에 남들보다 더 많은 지식을 쌓기를 기대하는 건 아닐까?

진정한 독서가라면 독서법을 속독과 정독이라는 이분법으로 바라보는 기존 프레임에서 벗어나야 한다. 독서법을 논할 때 읽는 속도에 목숨 거는 관습에 얽매이지 마라. 일부러 속독법 강좌에 쫓아다니지 않아도 된다는 말이다. 어떤 방법을 쓰든 그 책을 얼마나 깊이 이해하고, 자신의 기억 속에 얼마만큼 남기느냐가 중요하다. 기억 속에서 사라지기 전에 메모를 하거나 글로 남겨서 그 내용을 자신의 삶에 적용하고 어떤 형태로든 일상에서 활용하는 데 관심을 가져야 한다.

독서를 하면서 이해가 잘되면 자연스럽게 읽는 속도가 빨라지는 것을 느끼게 된다. 그리고 책을 잘 이해하기 위해서는 몇 가지 요소가 맞물려야 한다. 우선 읽고자 하는 책과 관련된 사전 지식, 배경 지식(스키마)을 갖춰야 새로 들어오는 내용과 결합되면서 이해력이 향상된다.

꼭 읽어야 할 책이 있는데 도저히 이해가 안 된다면 책의 주제와 연관된 영화나 만화, 다큐멘터리 등을 보는 것도 좋은 방법이다. 또한 같은 주제의 어린이용 혹은 청소년용 도서를 읽으면 자연스럽게 이해력이 높아진다. 만약 이러한 다른 수단으로도 해결이 잘 안 된다면 그 분야에 직접적으로 관련된 활동에 참여해보자. 아마 이해력이 급격히 향상됨을 느끼게 될 것이다.

예를 들어 골프를 잘 치고 싶어 프로 골퍼 스윙 자세의 기본 원칙에 관한 책을 백 번 읽었다 치자. 그래도 막상 해보려고 하면 어떻게 골프를 쳐야 하는지 이해가 잘 안 될 수도 있다. 그러나 골프 연습장에서 직접 스윙을 해보면서 흐트러진 자세를 고쳐나가며 제대로 된 스윙 자세를 익히는 순간, 책에서 설명하는 자세의 원칙을 온몸으로 느낄 수 있다.

문제는 직접 체험하고 이해하는 데 시간과 돈이 많이 들어간다는 점이다. 따라서 체험보다 힘이 드는 독서를 선택하는 이유 중 하나는 직접 경험에 들어가는 시간과 비용을 절감하여 간접 경험을 확대하는 데 있다.

독서 속도를 향상시키는 또 한 가지 방법은 관심 있는 주제의 책들을 연속으로 읽는 것이다. '하늘 아래 완벽하게 새로운 것은 없다(There is nothing new under the sun)'는 격언은 책의 구성에 대한 비밀을 잘 표현해주는 말이다. 서로 연관된 주제로 쓴 책이나 논문의 내용은 약 70퍼센트가 겹친다. 작가가 자신의 핵심 메시지나 주장을 뒷받침하기 위해 인용하는 사례나 문구에서 차이가 날 뿐, 전하고자 하는 메시지는 비슷하다.

따라서 사실상 작가가 새롭게 주장하는 부분은 전체 분량의 7~12퍼센트에 불과하다. 그러다 보니 비슷한 주제의 책을 쭉 서너 권 읽으면 '내용이 거기서 거기네'라는 느낌을 받게 된다. 바로 그 순간 자신도 모르게 속도가 빨라지는 것을 느낀다. 그 짜릿한 느낌을 한번 맛보면 독서의 묘미가 무엇인지 몸소 깨닫는다. 이를 전문 용어로 '체득'이라고 한다.

한 가지 팁이라면 평소에 자신이 흥미를 느끼는 주제나 분야와 관련된 책부터 읽기 시작해야 좀 더 빨리 독서의 쾌감을 느낄 수 있다는 점이다. 책을 읽는 속도가 빨라지면서 이해력이 향상되는 느낌은 마치 평소에 눈여겨보며 연모하던 남녀가 만나 불같은 사랑을 나누는 과정과 유사하다. 독서와 연애의 연관성을 찾는 작업은 성인 독자들의 자유로운 상상에 맡기도록 하겠다. 어찌 됐든 한 달에 한 권의 책도 읽지 않으면서 책이 이해가 안 된다고 머리를 쥐어뜯지 마라. 독서와 궁합이 맞지 않는다고 미리 포기해서도 안 된다. 그럴 때는 관심 있고 흥미 있는 주제의 책 서너 권을 연속해서 읽는 '릴레이 독서'를 시도해보기 바란다.

지금부터 독서의 속도를 높이는 유효한 방법을 제시하고자 한다. 마감 시간을 정하고, 소주제와 연관 있는 핵심 단어를 중심으로 필요한 정보를 탐색해보자. 아웃풋 독서법의 스킬에서 중요한 포인트는 '현재 처한 상황'에 주목해야 한다는 것이다. 필자는 책을 써야 하는 상황에 접했을 때 장별로 소주제(꼭지)를 완성하기 위해 관련 책들을 연달아 읽어야 했다. 이렇게 릴레이 독서를 통해 바로 앞 꼭지 '인문학은 속성으로 끝내는 이벤트가 아니다'를 완성하기 위해 정보를 탐색했던 경험을 소개하려 한다.

소주제의 키워드는 '인문학'이었고, 이를 좀 더 세분화해서 '인문학 열풍의 허와 실'에 대한 원고를 반나절 만에 써야 하는 상황이었다. 먼저 박웅현이 쓴 『인문학으로 광고하다』(알마)라는 책을 쭉 살피다가 '창의력의 원천이 인문학'이라는 주장을 보게 되었다. 그리고 인문학적 소양을 바탕으로 사람 중심의 감동적인 인기 광고를 만든 저자가 형님으로 생각하는 분이 스티브 잡스라는 사실을 알게 되었다.

그리하여 나는 스티브 잡스와 인문학이 갖는 연관성을 찾기 위해 대형 서점에 갔다. 스티브 잡스와 관련된 7권의 책을 서가에서 빼내어 한쪽 구석에서 쭉 넘기기 시작했다. 스티브 잡스의 인문학적 소양과 창의력의 연관성이라는 주제 의식이 명확해졌기에 그와 관련된 부분과 마주할 때마다 마치 글자가 커지며 튀어 오르는 느낌을 받을 수 있었다. 독서를 하다 보면 염두에 둔 핵심 단어와 관련된 내용들이 눈에 더 쏙쏙 들어오는 경험을 하게 된다.

애플사의 신제품 발표회 때 스티브 잡스가 '애플은 인문학과 기술의 교차점에 있다'고 했던 내용이 첫 번째로 눈에 들어온다. '창의력은 연관성 없는 분야의 결합이다'라는 내용도 건져 올린다. 그가 '연관성 없는 분야의 결합 재료를 찾기 위해 의식적으로 다양한 분야의 경험을 했다'는 문장도 발췌한다. 스티브 잡스의 창의력에 영향을 미친 건 인문학적 소양뿐만 아니라 대상물의 본질을 꿰뚫어볼 수 있는 직관력에 있다는 새로운 사실도 건져낸다. 직관력 향상에 도움을 받기 위해 선불교에 심취하여 선불교 지도자에게 사사를 받았다는 것도 새롭게 알게 된다. 이것이 두 시간 만에 7권의 책을 쭉 넘기면서 발견해낸 핵심 내용이다.

굳이 이러한 독서 방식에 이름을 붙이자면, 소주제와 연결된 핵심 단어를 중심으로 건져내면서 읽는 '발췌 독서법'이다. 7권의 책 내용을 토씨 하나 빠트리지 않고 다 읽은 건 아니다. 쭉 훑어보면서 현재 상황에서 당장 필요한 정보를, 정해진 마감 시간 내에 취득하는 독서 기술이다. 스티브 잡스의 인문학적 소양과 창의성 그 외의 내용들은 또 다른 주제 의식이 생겼을 때 다른 관점에서 들춰보면 그만이다.

그렇게 발췌 독서를 마쳤지만, 당시 필자는 스티브 잡스가 인문학에 진짜 빠진 이유에 대해서도 추가 원고를 써야 했다. 구체적으로 스티브 잡스의 창의성과 인문학과의 연결고리에 대해 깊이 있는 글을 써야 하는 상황이었다. 앞서 예를 든 자기계발 실용서 형태의 7권에 대한 발췌 독서법으로는 충실하게 원고를 채울 수가 없었다. 그리하여 7권 중에서 경영자 스티브 잡스를 인문학적 관점에서 분석한 책을 다시 선정해 찬찬이 다시 읽어봐야 했다. 소위 정독이 필요한 대목이다.

이처럼 자신이 처한 상황에 따라 독서법을 선택적으로 적용하는 것이 아웃풋 독서의 중요한 원칙이다. 속독이냐 정독이냐는 단순히 안구 훈련을 기반으로 한 시점 이동에 관한 이슈일 뿐, 책을 빨리 읽는 기술과 연관된 문제는 아니다. 독서 속도를 높이기 위해 반드시 깔아야 하는 전제는 책을 읽으면서 이해가 수반되어야 한다는 것임을 꼭 기억하기 바란다. 속독만 추구하다가는 단순히 읽기만 하는 바보가 될 수도 있다. 이해력 향상을 위한 최적의 방식은 명확한 주제 의식을 가지고 핵심 단어를 중심으로 마감 시간 내에 필요한 정보나 지식을 발견하는 연습을 반복하는 것이다.

독서 능력을 높인다는 것은 결국 이해력을 향상시킨다는 말이다. 평소에 본인이 관심 있고 흥미 있는 분야나 주제와 관련된 책들을 연속해서 읽어보라. 이후에 주제에 대한 깊이 있는 연구가 필요하면 찬찬히 정독을 시도하면 된다. 이제 그만 속독과 정독이라는 기존 이분법의 프레임에서 하루빨리 벗어나기 바란다.

06

책은 독자의 해석으로
생명력을 얻는다

인터넷 서핑을 하다 보면 독특하고 익살스런 책 제목을 접하곤 한다. 『나 보기가 역겨워 가실 때에는 가시는 걸음걸음 왕소금 뿌리오리다』(나라원) 와 같은 제목이다. 이미 눈치챘겠지만, 이 책 제목은 김소월의 원작 시 〈진달래꽃〉의 시구를 패러디한 것이다.

김소월의 시에는 임이 떠나가는 길에 진달래꽃을 뿌려주겠다는 시적 화자의 순수한 의도가 잘 드러나 있다. 자신이 싫어져서 떠나는 연인이지만 그래도 임이 가는 길을 꽃길로 장식해주겠다는 시인의 '반전 사고'가 운율에 실려 시로 다시 태어난 것이다.

반면 『나 보기가 역겨워 가실 때에는 가시는 걸음걸음 왕소금 뿌리오리다』는 김소월 〈진달래꽃〉의 핵심 시구를 응용(?)하여 눈에 띄는 제목으로 주목받고 싶었던 저자의 의도가 엿보인다. 김소월 시인의 의도와는 정반대되는 의미를 극대화하기 위해 임이 가는 길에 왕소금을 뿌린다고 함으로써 이별의 회한을 앙갚음으로 표현하였다. 사실 현실의 세계에서는 이런 본심이 상식으로 통용된다고 볼 수도 있다.

〈진달래꽃〉의 핵심 시 구절을 차용하여 과격한 표현을 썼지만, 사실 『나 보기가 역겨워 가실 때에는 가시는 걸음걸음 왕소금 뿌리오리다』는 결코 시가 될 수 없다. 김소월 시인이 활용한 반어법의 표현을 상식적인 의미로 환원한 것에 불과하기 때문이다. 독자들의 다양한 해석이 가능한 부분을 일반적이고 일차원적인 의미로 한정짓고 있다.

상식의 세계에서 '꽃길'은 영광스런 소망의 길이다. Mnet에서 방영되어 큰 주목을 끌었던 〈프로듀스 101〉이라는 여자 아이돌 선발 대회에서 우승한 김세정 양은 수상 소감을 밝히며 어려운 환경에서도 자신을 뒷바라지해준 홀어머니에게 이런 말을 남겼다.

"엄마, 오빠, 우리 셋이서 바닥부터 힘들게 살아왔는데 앞으로 꽃길만 걷게 해줄게."

반면, 자신이 싫어져서 떠나가는 연인을 위한 꽃길은 더 이상 소망의 길이 아니다. 김소월의 시에서 떠나가는 연인을 위해 깔아놓은 진달래꽃은 연인에게 짓밟히며 이별을 감내해야 하는 시적 화자의 분신이다. 한때는 연인에게 꽃처럼 소중했던 자신이 짓밟히는 현실마저 수용하겠다는 아픔이 아련하게 전해지기에 이 구절이 위대한 감동으로 다가온다.

그뿐 아니라, 김소월 시인은 자신이 역겨워 떠나는 임을 향해 눈물마저 흘리지 않겠다는 표현으로 반전의 사고를 이어가며 독자들에게 해석의 여지를 남긴다. 사실은 변심한 연인에 대해 냉정함을 유지하며 절대 눈물을 흘리지 않겠다는 의미로 해석할 수도 있다. 하지만 이별을 앞두고 애써 태연한 척 어색한 미소를 짓는다 해도 자신도 모르게 눈가에 맺히는 이슬까지 감출 수는 없다. 설령 눈가에 맺힌 이슬이 뺨을 타고 흘러내리지는 않더라도 흐느낌으로 인해 어깨가 살짝 흔들릴지도 모른다. 이런 여러 가지 경우를 자유롭게 상상할 수 있기에, 눈물을 흘리지 않겠다는 표현이 독자의 가슴을 먹먹하게 하는 것이다.

작가의 의도를 다양한 관점에서 해석할 수 있는 또 다른 대표적인 시는 최승호 시인의 〈북어〉다. 〈북어〉는 고등학생들이 보는 모의 수능시험의 객관식 문제에 자주 등장하는 시로 유명하다. 그리고 고등학교 참고서에서는 이 시에 대해서 '무소불위의 독재 정권에 한마디도 못 하는 민중들의 삶을 비판한다'고 해석하고 있다.

한편, 시의 원작자인 최승호 시인은 〈중앙일보〉와의 인터뷰에서 참고서나 수능 출제 위원들이 표준 답안처럼 제시한 시에 대한 해석은 자신의 본래 의도가 아니라는 의견을 내놓았다. 군사 정권하에서 〈북어〉라는 시를 쓴 것은 맞지만, 이 시는 죽음에 대한 진지한 성찰로도 볼 수 있다는 의중을 드러낸 것이다. 나아가 시를 쓰고 가르치는 목표가 무엇이냐는 질문에는 "인생이 행복해질 수 있도록 다양한 해석을 하는 관점을 길러주는 데 있다"고 강조하기도 했다.

시라는 장르의 특성상 독자가 처한 상황과 관점에 따라 여러 가지 해석이 가능하다. 수능시험은 객관식 문제로 이루어져 있기에 표준화된 해석을 기반으로 할 수밖에 없다. 따라서 학생들의 자유롭고 다양한 해석을 가로막는다는 단점이 있다. 비슷한 해석과 견해만을 반복하는 앵무새의 삶을 답습하게 만들 가능성이 다분하다.

물론 전문가들이 제시한 표준화된 해석에 의존하여 시험을 통과하는 과정도 필요하다. 하지만 이러한 과정의 대가는 시를 자신의 상황에 맞게 해석하며 느끼는, 문학이 주는 행복을 누릴 수 있는 기회를 놓치게 된다는 점이다. 작가의 의도를 미리 파악하고 작품을 대할 수 있다면 더없이 좋은 일이지만, 모든 작가들과 직접 인터뷰를 해서 본연의 의도를 다 파악할 수는 없다. 오히려 독자의 입장에서는 작가 본연의 의도에 너무 집착하기보다 자신만의 관점을 견지하고 해석하는 게 더 중요하다.

작품이 독자들의 손으로 넘어오는 순간부터 그 작품은 더 이상 작가의 소유물이 아니다. 작품을 통해 독자가 느끼는 감동은 각자 처해 있는 상황과 경험에 따라 달라질 수 있다. 그 분야의 전문가나 파워 블로거들의 의견 혹은 서평을 참고하되 굳이 자신의 느낌과 감동, 의견을 그에 맞출 필요는 없다. 저마다 그 작품을 읽으면서 각자 다른 감동을 받고 자신의 상황에 맞는 의미를 부여할 때 비로소 행복에 이를 수 있다.

자기주도적인 독서를 하고 싶다면 현재 처한 상황에서 자신만의 관점으로 해석할 수 있는 안목을 길러야 한다. 그리고 작품의 특성에 따라 관점의 비중을 적절하게 조정할 필요도 있다. 감동이나 예술적인 감성에 중점을 둘지, 이론이나 논리적인 이성에 무게를 실을지 매 순간 결정해야 한다. 관점을 의식하되 무의식적으로 자연스럽게 작품에 반응하면 된다고 표현하는 게 더 적합할 것 같다.

보통 시, 소설, 수필과 같은 문학 장르는 아무래도 예술적인 감성에 호소하는 측면이 강하다. 따라서 문학을 접할 때는 의식적으로 읽는 속도를 늦추면서 등장인물의 심리나 시에 등장하는 상징적인 감정을 교류할 필요가 있다.

소설의 경우, 책 내용 중 따옴표로 표시된 등장인물의 대화를 중심으로 읽어가다 보면 자연스럽게 감정이입을 할 수 있다. 상황 설명을 하는 부분들을 그냥 넘기고 대화 내용만 읽어도 될 만큼, 등장인물들의 대화에는 작가의 의도가 잘 담겨 있다.

시를 감상할 때는 시에 나오는 단어의 사전적인 의미를 잠시 내려두는 게 좋다. 그래야 다양한 해석이 가능하다. 학창 시절에 사조나 시대 상황 등을 바탕으로 표준화된 기준에 기대어 시를 분석하고, 단어 하나 하나의 해석에 치중하여 그 의미를 암기하던 습관을 버려야 한다.

시는 사실에 대한 기술이 아니라 비유적인 표현을 활용하여 다양한 해석과 감정의 교류가 가능하도록 의도하여 쓴 작품이다. '으르렁 거리며 포효하는 거대한 파도'라는 표현에 누군가는 험한 세상을 헤쳐나가며 도전하는 이미지나 느낌을 받을 수도 있다. 혹자는 대자연의 웅장함을 상상할 수도 있다. 시에는 분명 작가가 의도한 바가 있을 것이다. 그럼에도 그 의도를 그대로 따라가지 않아도 될 만큼 자유로운 해석이 가능하다. 시가 내 마음속에 들어왔다는 느낌이 들면 그만이다. 해석은 자신의 감정이 흘러가는 대로 맡기면 된다.

작가는 언어의 요리사로서 '작품'이라는 맛있는 음식을 독자들에게 제공한다. 독자들은 저마다 다른 입맛과 미각을 가진 미식가로서 '작품의 맛'을 음미하고, 피와 살이 되도록 잘 소화하면 된다. 한입에 먹을지, 나이프로 썰어 먹을지는 온전히 독자의 선택에 달려 있다. 맛있는 작품을 먹음으로써 포만감을 느끼고 잘 소화시켜 삶의 에너지를 얻고 행복감을 느낄 때, 작가의 의도는 글 속에서 자연스럽게 드러나고 비로소 작품은 생명력을 얻는다.

2장

책을
고를 때
혹하지
않으려면

01

작가의 삶을 이해하면
작품이 더 잘 보인다

책은 한마디로 '작가의 분신'이다. 따라서 책의 본체이자 콘텐츠의 원천인 작가의 시대적 배경, 사상, 성향, 특이한 습관 등은 작품을 이해하는 데 중요한 단서가 된다. 비행 청소년들의 사고방식과 행동의 원인을 이해하기 위해 부모의 사회·문화적 환경, 독특한 습관이나 행동 패턴을 추적하는 것과 비슷하다. 범죄 현장을 분석하여 범인의 습관이나 나이, 성격, 직업, 범행 수법 등을 추론해서 범인을 찾아내는 수사 기법을 '프로파일링(Profiling)'이라고 한다. 아웃풋 독서가 또한 작가를 둘러싼 환경 요소들에 대한 프로파일링을 통해 작품을 보다 깊고 정확하게 해석하고 핵심 정보를 훔쳐낸다.

작가도 사람인지라 그가 태어난 시대적 배경과 상황으로부터 영향을 받게 마련이다. 그런 연유로 시대의 격변기에 걸작이 탄생하는 경우가 많다. 외부 환경의 급격한 변화로 작가의 가치관이나 사상이 큰 영향을 받을 수 있기 때문이다. 이렇게 녹록지 않은 현실로 인해 생긴 욕망의 결핍과 고통이 글쓰기로 표출되고 승화되기도 한다. 작가의 시대적인 상황과 개인의 독특한 삶의 경험들은 작품 속 인물이나 상징적인 대상물로 드러난다.

작가의 시대적 배경과 처연한 아픔이 작품에 투영된 대표적인 사례가 이상의 『날개』다. 작가 이상은 일본의 압제하에 있던 암울한 시대를 살다간 상징적 인물이다. 조선인이지만 강제적으로 일본어를 써야 했고, 조선총독부에서 건축 관련 일을 하기도 했다. 그는 찢어지는 가난과 폐결핵으로 피를 너무 많이 토해 결국 죽음에 이른다. 하지만 더 이상 희망의 빛 한 줌조차 보이지 않는 비극적인 시대적 상황과 개인적인 질병이라는 이중고를 극복하겠다는 의지로 작품 활동에 몰두하였다. 이러한 배경에서 탄생한 작품이 바로 『날개』다.

『날개』에 등장하는 주인공은 작가 이상의 분신이다. 작품 속 주인공은 어두운 방 안에서 마치 소외된 한 마리의 짐승처럼 살아간다. 현실에서는 형식적이고 경제적인 동기로 인한 허망한 인간관계만 존재할 뿐, 가장 친밀해야 할 아내와도 애틋한 교류가 없다. 절망 속에서 마지막 돌파구로 찾은 방법은 저 멀리 하늘로 '비상할 수 있는 날개를 가져야 한다'는 것, 이로써 작품은 마무리된다.

한일합방의 암울한 현실에서, 이상은 이 작품 속에서만큼은 자신이 창조한 주인공과 작가인 본인의 삶을 연결시켜 푸르른 하늘로 자유롭게 비상하고자 했다. 작가는 처참한 상황에 엮인 삶의 궤적들과 유사한 가공의 인물을 작품에서 창조하여 현실 극복의 의지를 드러냈다. 그렇게 작가의 '희망찬 아픔'이 전해 내려와 독자들의 가슴을 저미게 한다.

작가의 처절한 삶을 이해하고 작품을 대하면 작품 속 주인공이 더 이상 창조된 가상의 인물이 아님을 알게 된다. 우리와 똑같이 숨 쉬고 살아가는 사람이라는 인식이 더 큰 감동을 일으키고 공감을 자아낸다. 이것이 아웃풋 독서가가 작품을 읽기 전 작가의 삶을 파고드는 '작가 프로파일링'을 해야 하는 이유다.

한편 작가들이 의도적으로 '작품과 일정한 거리 두기'를 하는 경우도 있다. 시대적 양상과 상반되는 인물을 창조하여 극복해야 할 대상을 현실과 다르게 설정하는 경우도 있다. 『돈키호테』의 작가 세르반테스는 스페인의 몰락한 귀족 가문에서 태어난 소위 '무늬만 귀족'으로, 가난이라는 고통에서 벗어나기 위해 정복 전쟁에 참가하여 승리를 거뒀다. 하지만 전쟁의 승리가 안겨다줄 거라 믿었던 부와 명예는커녕 고향에 돌아와서 옥살이를 하고 장애마저 입게 된다. 작가 세르반테스는 처절한 가난과 지독한 고독 속에서 정복 전쟁보다 냉혹한, '현실과의 전쟁'에 직면한다.

세르반테스는 현실에 대해 다소 냉소적인 태도를 취한다. 그러면서도 그가 작품 속에 창조해낸 주인공 돈키호테는 다소 엉뚱해 보이지만 이상적이면서 따뜻한 감성을 가진 무한 긍정의 인물로 묘사된다. 그리고 돈키호테의 눈에 보이는 세상은 여전히 희망을 품을 수 있는 곳이다. 현실에서는 철면피 같은 인간들이 작품 속에서는 주인공이 보호해야 할 나약한 사람으로 재창조되었다.

이율배반적인 삶의 현장에서 작가는 자신의 성향과는 상반되는 돈키호테라는 가상의 인물을 탄생시켰다. 그가 살던 시대에 스페인은 정복 전쟁으로 국가는 부강해졌지만, 민초들의 삶은 오히려 날로 피폐해졌다. 세르반테스는 『돈키호테』를 통해 가난한 이들과 냉혹해 보이는 사람들까지 품고자 하는 귀족 본연의 모습을 회복하려 했다. 동시에 돈키호테를 부조리한 현실을 뛰어넘는 이상적인 인간상으로 제시하고 있다.

이처럼 작가가 자신의 성향과는 다른 인물을 창조함으로써 작품과 거리를 둘 수는 있다. 하지만 자신이 창조해낸 주인공을 통해 궁극적으로 자신의 이상을 추구하고 실현한다는 측면에서는 여전히 작품 속의 삶이 곧 작가의 삶과 맞닿아 있다고 볼 수 있다.

작품에 작가의 삶이 반영되고 연결된다는 점은 소설뿐 아니라 실용서에서도 마찬가지다. 문화 심리학자 교수 김정운은 전직 교수였지만, 톡톡 튀는 화법으로 좌중을 쥐락펴락하며 인기 가도를 달렸다. 김정운 교수는 한 방송 프로그램에서 교수 시절의 단정하지만 답답해 보이는 빳빳한 머리를 자유분방한 뽀글 파마로 바꾼 후 자신의 인생이 펴기 시작했다고 밝힌 적이 있다.

어느 날 그는 『남자의 물건』(21세기북스)이라는 책을 야심 차게 세상에 꺼내놓았다. 사물을 새롭게 해석하여 베스트셀러 작가의 반열에 오른 김정운 교수는 유쾌하지만 진중한 면이 있는 창의적인 지식 생산가다. 눈치 빠른 독자는 감을 잡았겠지만 '남자의 물건'이란 말은 중의성을 내포한, 센스 넘치는 최고의 책 제목으로 꼽히기도 한다.

정작 김정운이 세상에 공개한 남자의 물건은 그가 애용하던 만년 필이었다. 그가 날마다 만지작거리는 만년필은 창의적인 지식을 생산해내는 도구로, 그 만년필로 다양한 글을 써내어 독자들과 소통한다. 이 책은 한 사람의 성향, 생활 방식, 나아가 정체성(Identity)을 은근히 드러내는 상징이나 대상물(오브제, Object)에 대한 이슈를 제기함으로써 독자들의 열렬한 관심을 불러일으켰다. 그러자 유사 작품으로 『여자의 물건』(세종서적)이 출간되기도 했다.

상황에 따라서 다소 가벼워 보일 수도 있지만, 김정운이 쌓아나가는 삶의 행적은 그리 단순하지 않다. 한때 그는 쇄도하는 강의 요청에 시간이 부족해서 서울에서 울산까지, 강의를 의뢰한 회사에서 보낸 헬기를 타고 다녔을 정도로 잘나갔다. 그런데 어느 날, 헬기를 타고 특강을 하러 다니던 그가 정상에서 스스로 하산했다. 남들이 부러워하는 평생 교수직과 회당 500만 원 이상의 특강 수업료를 내려놓고 홀연히 사라져버린 것이다. '비워내기만 하다가는 결국 소진하여 탈진할 수 있다'는 이어령 교수의 충고를 받아들여 주변 지인들과 가족의 반대를 무릅쓰고, 미술을 공부하기 위해 일본으로 바람처럼 사라졌다.

몇 년 후 김정운 교수는 자신의 전공인 문화심리학 이론과 예술적 감성을 결합하여 쓸 만한 물건을 세상에 다시 꺼내놓았다. 창의력에 대한 통찰이 담긴 『에디톨로지』(21세기북스)를 들고 대중 앞에 화려하게 컴백한 것이다. 그리고 여전히 유쾌하지만 진지한 표정으로 열변을 토하며 대중들의 생각과 마음을 움직인다. 그의 책이나 강연이 인기를 끄는 데는 분명 풍부한 콘텐츠와 독일에서 받은 박사 학위가 보증하는 방대한 지식이 한몫할 것이다. 하지만 더 중요한 포인트는 그가 책에 써내고, 특유의 달변으로 강연에서 쏟아내는 메시지들이 그의 삶과 직접 맞닿아 있다는 점이다.

김정운이라는 한 인물의 삶을 추적하다 보면 그가 다음에 어떤 내용의 책과 강연 주제를 들고 대중 앞에 자신의 물건을 꺼내놓을지 예상하고 추측할 수 있다. 작품을 대하기 전에 작가의 삶의 궤적을 추적하는 작가 프로파일링에 공을 들여야 하는 이유가 여기에 있다.

작가의 삶의 양상들을 파악함으로써 작가의 작품을 보다 깊게 이해할 수 있는 건 비단 책으로 대변되는 문학 작품과 실용서만이 아니다. 다른 예술 분야에서도 마찬가지다.

필자는 백남준 작가 서거 10주년 기념 전시회를 보기 위해 중학생 큰딸과 함께 동대문디자인플라자(DDP)에 갔다. 처음에는 세계적으로 유명한 비디오 아트 작가라는 사실 정도만 아는 수준에서 전시장을 한 바퀴 쭉 둘러보았다. 전시장에는 여러 대의 텔레비전이 다양한 형태와 로봇 형상으로 배치되어 있었고, 화면에는 흐릿한 영상들이 알 수 없는 소리로 지지직거리고 있었다. 대부분의 관람객들이 사진을 찍느라 바빠 세계적으로 유명한 작품의 위대성을 온몸으로 느끼기에는 역부족이었다.

그런데 잠시 후 작품 해설자가 나타나 작품을 만들던 당시 백남준의 독특한 삶의 궤적과 전위적 예술가로서의 끊임없는 도전 스토리를 들려주었다. 해설자는 작품 속에 흐르던 영상들이, 백남준이 개발한 비디오 합성 기술과 물리학의 원리를 접목하여 직접 제작한 것이라는 설명도 덧붙였다.

그러자 분명 백남준의 삶에 대한 스토리를 듣기 전에는 지지직거려 거슬리기까지 했던 고물 기계 속 영상의 메시지가 귀에 들어오기 시작했다. 엉성해 보이기만 하던 로봇 모양 텔레비전도 당당하게 예술 작품의 면모를 드러냈다. 이처럼 작가의 작품을 대하기 전에 그의 삶을 이해하고 나면 평범해 보이는 오브제가 예술 작품의 위대성과 맞닿아 있음을 깨닫게 된다.

지금까지 우리는 작품을 보다 깊게 이해하기 위해 작가의 삶의 궤적을 추적하는 작가 프로파일링이 문학 작품, 실용서 및 다른 예술 분야에서도 유효함을 확인했다. 이로써 독자들은 처음으로 주어진 작가 프로파일링 미션을 훌륭하게 완수하였다.

아웃풋 독서라는 본 게임에 들어가기 전에, 다음 꼭지부터는 작가와 지적 스파링을 시작하게 될 것이다. 작가와의 지적 스파링에서는 3종 세트 아이템(제목, 목차, 서문)을 '득템(얻을 득[得] 자와 영어의 아이템

[Item]을 합성한 말로, 게임에서 아이템을 얻었다는 뜻으로 쓰이지만, 최근에는 게임을 넘어 어떤 중요한 물건을 손에 넣었다는 뜻으로도 쓰임)'할 수 있는 기회가 부여된다. 부디 3종 세트를 무사히 확보하여 작가와 고도의 심리전에서도 승리할 수 있기를 소망한다. 아웃풋 독서 게임에 입문한 독자들을 환영하며, 건투를 빈다.

02

제목의 탄생 과정을 알면
낚이지 않는다

"여러분은 혹시 낚여본 적이 있나요?"

고백하자면 필자는 결혼 전 묘령의 여인에게 홀려서 지갑이 탈탈 털린 적이 있다. 독자 중에는 도를 믿느냐는 말에 신세계를 체험하고, 친구의 꼬임에 빠져 한 달 용돈을 게임 머니로 날려본 분이 있을지도 모르겠다.

얼굴이라도 보고 낚이면 상대방을 찾아가 항의라도 할 수 있으니 덜 억울하다. 그런데 온라인에서 낚이면 정말 답이 없다. 그래도 아웃풋 독서가는 그냥 억울해하고 있지만은 않는다. 그는 왜 사람들이 자꾸 낚이고 살아가는지 그 원인을 추적하기 시작한다.

인터넷에서 '낚였다'는 말은 그럴듯한 꼬임에 넘어가 낚시꾼의 숨겨진 의도대로 행동하게 되었음을 의미한다. 특히 온라인에서 '낚시질'이라는 하는 것은 충격적이고 자극적인 제목으로 해당 기사를 클릭하게 하는 수법을 말한다. 눈에 띄는 제목을 막상 클릭해서 보면 그 내용이 제목과는 아무런 연관이 없는 경우가 많다. 이렇게 자꾸 낚이다 보면 기분도 상하고 자신이 바보처럼 느껴지기도 한다.

한편 낚이게 된 원인을 가만히 생각해보면, 결국 그럴듯한 제목이 결정적으로 작용했음을 알 수 있다. 드라마, 영화, 뮤지컬, 노래, 책 등 거의 모든 분야에서 흥행을 좌우하는 중요한 요소는 해당 작품의 '제목'이다. 특히 출판 기획자나 편집자들 사이에서는 '제목 장사가 반 이상'이라는 말이 정설처럼 떠돈다.

지금까지 300만 부 이상 팔리면서 청춘들의 필독서가 된 김난도 교수의 『아프니까 청춘이다』(쌤앤파커스)는 내용도 좋지만 책 제목이 신의 한 수였다는 의견이 지배적이다. 그런데 비하인드 스토리에 의하면 저자는 원래 『젊은 그대들에게』라는 제목으로 출판사에 초고를 제출했다고 한다. 이를 출판사 사장님과 직원들이 회의를 거쳐 독자들의 감성에 소구하는 제목으로 바꿨다는 것이다. 한편으로는 출간 당시 인기를 끌었던 가수 민경훈의 〈아프니까 사랑이죠〉라는 노래 제목을 응용해서 소위 대박을 쳤다는 의견도 있다.

그럴듯한 책 제목에 낚인 독자들은 의외로 많다. 아래 몇 가지 유형을 보면서 우선 책 제목에 낚이지 않는 안목부터 갖추기 바란다. 아래 사례들은 낚였다는 사실이 창피하고 귀찮을 수도 있지만 용기를 내서 블로그에 공개한 내용으로, 책에 대한 평가에는 블로거의 주관이 반영되었음을 미리 밝힌다(고심 끝에 책 제목은 공개하지 않기로 한다).

첫 번째 사례는 9살 딸이 제목이 좋아서 아빠 생일 선물로 산 책의 내용이 제목과 현저하게 차이가 났던 경우다. 좋은 말을 담아놓은 산문집으로, 제목을 보고 고상한 잠언 수준의 내용을 예상했는데 기대와는 달리 책 내용의 대부분이 이혼한 한 여의사와의 삼류 로맨스라 크게 실망했다고 한다. 서문만 읽고 내용이 너무 담백하고 좋아서 블로그에 공유까지 했으나 책을 덮을 시점에는 낚여버린 자신에 대한 자책이 들었다고 했을 정도로 책 제목에 제대로 혹한 경우다.

두 번째 사례는 책 제목 때문에 사서 보았는데 기대했던 내용이 없었던 경우다. 즐거운 삶을 추구하는 노부부의 여행기로, 책의 기획만 좋았을 뿐 필력이 부족하여 잘 읽히지도 않고 재미도 없었다는 지적이다. 특히 제목과 소제목의 글귀들만 좋고 그 안에 담긴 내용은 블로거의 기대에 미치지 못했다고 한다.

세 번째 사례는 앨빈 토플러의 예측처럼 지식기반 사회의 도래에 따른 이데올로기적인 힘을 느끼며 선택했는데, 제목과 전혀 상관없이 작가의 사업 자랑만 늘어놓아 실망한 경우다. 그는 "책 제목은 기가 막히게 뽑았다. 당연히 책 내용과는 전혀 상관이 없다는 게 함정"이라고 지적했다.

책 한 권의 값은 1만 원이 아니라 100만 원에 가깝다는 근거가 있다. 단순히 책값뿐만 아니라 책 읽는 데 들어간 시간당 자기 급여까지 반영해야 하기 때문이다. 이는 독서를 택함으로써 하지 못하게 된 다른 여가 활동이나 생산적인 활동의 기회비용까지 포함된 개념이다. '왜 책을 신중하게 골라서 읽어야 하는가'에 대한 답변으로도 충분하다. 아래 공식에 대입하여 독자의 독서 비용을 계산해보고 책 제목에 낚여서 귀중한 시간과 에너지, 지갑이 털리지 않기를 빈다.

시급(시간당 노동 생산성) × 독서 소요 시간(책 한 권 기준) × 2(기회 비용 상수) = 독서 비용

앞서 언급했듯이 진정한 독서가는 궁극적으로 저자가 되는 것을 추구한다. 따라서 책 제목이 차지하는 비중이나 영향력을, 출판 관계자 입장에서도 살펴볼 필요가 있다. 출판계에서 제목은 단순히 흥행 요소를 넘어서서 출판사 간 전쟁을 일으키기도 하는 도화선이 되기도 한다. 이런 연유로 좋은 제목을 선점하려는 싸움이 자존심 싸움으로 번지기도 한다.

〈한겨레〉 신문의 커버 기사[2]에 의하면, 구글의 성공 비결을 다룬 한국판 책 제목을 누가 선점할 것인가를 두고 출판사끼리 신경전

---

2 '[문화 – 책과 생각] 책 제목 따라하지 마란 말이야', 〈한겨레〉, 2006. 03. 30

이 벌어졌다고 한다. '스토리'라는 한 단어를 가지고 대형 출판사들이 은근히 기 싸움을 했다는 내용이다. H 출판사가 영문판 『The Google Story』를 한국판에서도 '구글 스토리'로 쓰고 싶어 했지만 결국엔 『구글, 성공 신화의 비밀』로 쓸 수밖에 없었다. L 출판사가 영문판 제목인 『The Search』를 『검색으로 세상을 바꾼 구글 스토리』로 쓰면서 '구글 스토리'란 제목을 선점했기 때문이다. 이를 두고 H 사가 L 사에게 은근히 항의를 했다는 내용이다.

책 제목에 있는 '스토리'라는 한 단어로 감정싸움까지 하는 걸 보면 출판사들이 책 제목을 뽑아내는 데 얼마나 심혈을 기울이는지 알 수 있다. 이 싸움은 스토리라는 한 단어가 베스트셀러를 판가름한다고 판단했기 때문에 일어난 것이다.

이 지점에서 '어떻게 하면 섹시한 제목을 뽑아낼 수 있을까?'라는 근본적인 질문에 집중할 필요가 있다. 먼저 작가나 출판 관계자들이 어떻게 매력적인 제목을 발굴해내는지 살펴보면, 적어도 책 제목에 낚이는 일은 피할 수 있다. '일'이라는 한 글자가 가져오는 묘한 뉘앙스의 차이가 베스트셀러의 운명을 판가름한 다음의 생생한 사례를 참고하기 바란다.

조관일 박사는 산업교육강사 창업과정의 저술 기법 강의에서 자신의 책 20여 권 중 『비서처럼 하라』(쌤앤파커스)가 가장 많이 팔린 이유는 바로 탁월한 제목에 있다고 밝힌 바 있다. 다른 작가의 『비서처럼 일하라』(경향비피)라는 책도 있었는데, '일'이라는 한 단어가 하늘과 땅의 차이를 가져왔다는 것이다. 『비서처럼 하라』는 제목이 독자들로 하여금 도대체 비서처럼 한다는 게 무엇인지 계속해서 호기심을 불러일으켰고, 결국 베스트셀러가 되어 관련 강의 요청 또한 밀려들었다고 한다.

『아프니까 청춘이다』 사례처럼 기획 의도와 책 제목의 중요성을 다시 한번 실감할 수 있다. 적절한 양의 책을 충분히 소화한 후에 자신만의 책을 출판할 때, 위에서 제시한 사례들이 섹시한 제목을 뽑아내는 데 도움이 될 것이다.

다음 꼭지에서는 제목과 깊은 연관이 있는 목차는 어떻게 탄생되는지 살펴볼 것이다. 이로써 독자들은 핵심 단어 중심의 발췌 독서를 하는 데 도움을 얻을 수 있다. 이처럼 제목과 목차를 분석해보면 작가와 출판사가 독자들의 사랑받는 책을 만들기 위해 얼마나 치열하게 고민하는지 느낄 수 있다. 또 임신해서 열 달을 채워 해산하는 과정과 유사한 출판 프로세스에 간접적으로 참여함으로써 작가들에게도 애착을 갖게 될 것이다. 애착이 생기면 작가의 분신인 책과 활발한 감정 교류를 할 수 있고 이로써 감성이 풍부해지는 부가적인 효과도 누릴 수 있다.

언젠가 이 책을 읽고 있는 독자들도 자신의 책을 출판하는 저자가 되는 그날을 꿈꾸며, 이 책의 마지막까지 아웃풋 독서 게임에 동참하기를 소망한다.

03

목차만으로
스토리를 요약하는 방법

최근 블로그 활성화로 글쓰기에 대한 수요가 늘면서 '책 쓰기 시장'에 대한 관심도 높아지고 있다. 한마디로 '책 쓰기 열풍'이 불고 있는 것이다. 책 쓰기 과정이라고 하지 않고 책 쓰기 시장이라고 하는데는 이유가 있다. 실제로 많은 사람이 독자의 예상보다 더 높은 고가의 수강료를 지불하고 책 쓰기를 배운다. 그리고 과정의 대부분은 제목과 목차 잡기에 집중되어 있다. 목차 잡기가 제대로 선행되어야만 본격적인 원고 작성이 가능하기 때문이다. '목차가 책 쓰기의 반'이라는 속설을 증명하는 셈이다.

목차는 기본적으로 독자들에게 나침반이나 내비게이션처럼 책의 내용이 나아가야 할 방향을 알려주는 길잡이 역할을 한다. 선물할 책을 고를 때도, 내게 필요한 책을 선택할 때도 제목과 목차를 참조하여 책의 중심 내용을 예상해보고 구매를 결정할 수 있다.

작가나 출판 기획자들은 소비자가 책 구매를 망설이는 동안 거기서 빠져나가지 못하도록 트렌드를 반영한 핵심 키워드들로 촘촘하게 목차라는 그물을 짠다. 독자들이 결국 책을 구매할 수 있도록 올가미를 만드는 셈이다. 때로는 구매까지 이어지도록 호기심을 유발하는 문구 위주로만 목차를 작성하기도 한다. 앞서, 즐거운 인생을 살라는 메시지를 암시하는 제목을 보고 선택한 책에 대해 '제목과 소제목의 글귀들만 좋고 그 안에 담긴 내용은 기대에 미치지 못한다'고 평했던 한 블로거의 사례가 여기에 해당된다.

그와는 반대로, 내용이 좋은건 물론이고 목차의 장(Chapter) 제목만 연결해서 읽어만 봐도 내용이 바로 연상되도록 물 흐르듯이 자연스럽고 긴밀하게 구성되어 있는 책도 있다. 아웃풋 독서가라면 책을 구매하기 전에 눈으로만 목차를 읽어봐도 충분히 내용을 가늠할 수 있어야 한다. 목차 속에 주제와 연결된 핵심 단어들이 들어 있기 때문이다.

책의 핵심 내용을 파악하고자 할 때도 목차의 키워드를 염두에 두면 독서력 향상에 도움이 된다. 목차 내용 중 주제와 연관성 있는 핵심 단어들을 찾아내어 간단히 메모하라. 평소 독서 속도보다 두세 배 빠르게 책장을 넘겨도 해당 핵심 단어가 눈에 들어오고 머리에 쏙쏙 들어오는 체험을 할 수 있다. 미국의 대표적인 속독법 '포토리딩(Photoreading)'에서는 이를 '방아쇠 단어'라고 한다. 해당 키워드가 책 읽는 속도를 높일 수 있는 자극제 역할을 하는 것이다. 바닥재 영업을 하는 사람이 식당이나 다른 어느 장소를 가도 바닥재에만 눈이 가고 무늬만 봐도 경쟁사 제품인지 아닌지 파악할 수 있는 이치와 비슷하다.

궁극적으로 독서 후 책을 내고자 한다면 책의 목차의 장 제목을 백지에 옮겨보는 연습도 필요하다. 장 제목을 쭉 적어놓고 살을 붙여서 연결하면 책의 핵심이 그대로 드러나는 것을 직접 경험할 수 있다. 동시에 책 내용의 핵심 단어들로 하나의 큰 흐름을 만들어내는 목차 작성 방식에 대한 힌트를 얻을 수 있다.

백문이 불여일견이다. 최근 서점 인문학 코너에서 베스트셀러를 넘어 스테디셀러로 자리 잡은 『미움받을 용기』(인플루엔셜)로 '목차 장 제목 잡기'를 통해 책의 핵심이 드러나는 체험을 해보겠다. 나중에 자신의 책의 목차를 잡는 데 기본기로 활용하기 바란다.

먼저 백지에 『미움받을 용기』의 장 제목을 옮겨 적은 후 장별로 핵심 키워드에 밑줄을 긋거나 자기만의 표시를 하라. 세부 목차까지 모두 직접 적어도 좋지만 상대적으로 구성력이 떨어지는 세부 목차들은 오히려 혼란을 줄 수도 있기에 큰 제목을 중심으로 적는 게 좋다.

● 1장 트라우마를 부정하라

　 2장 모든 고민은 인간관계에서 비롯된다

　 3장 타인의 과제를 버리라

밑줄 친 '트라우마, 인간관계, 타인의 과제, 세계의 중심, 지금, 여기'라는 핵심 키워드들을 책 제목과 순서대로 연결시켜 스토리를 만들어보면 자연스럽게 책의 핵심 내용이 드러난다. 만약 이렇게 만든 스토리의 흐름이 매끄럽지 않다면 목차를 수정할 필요가 있다.

『미움받을 용기』라는 제목을 토대로 독자 나름대로 책 내용에 대해 예상해보면서, 핵심 키워드를 연결하여 하나의 스토리를 뽑아보자. 일반적으로 인과관계를 기준으로 스토리의 흐름을 잡아나가면 무난하다. 여기에 어떤 정답이 있는 건 아니다. 결국 글쓰기나 책 쓰기는 '자신만의 해석을 스토리에 담아 사람들과 공유하는 과정'이기 때문이다.

여기서는 필자가 작성한 예상 스토리를 공유해보겠다. 책의 실제 내용과 차이가 있다 해도 문제가 될 게 전혀 없다. 그전에 독자 스스로 나만의 스토리를 쓰고 있다는 사실에 만족하기 바란다. 예상 스토리의 처음과 끝은 다음 페이지의 음영을 표시한 부분처럼 제목을 활용하면 좋다. 그리고 스토리의 중간 부분은 장 제목에서 뽑아낸 핵심 단어들(밑줄 친 부분)을 활용하여 작성하면 된다. 핵심 단어의 의미를 풀어서 써도 되고, 그대로 살려도 무방하다.

- **미움을 받는다는 것**은 이미 내 안에 상처(트라우마)가 있다는 의미다. 그 상처는 누군가 자신을 미워하는 사람과의 관계(인간관계)에서 비롯된 것이다. 그 미움은 내 의사와 관계없이 내 인생에 다른 사람의 개입(타인의 과제)한 결과일 뿐이다. 남들이 뭐라 하든지 간에 세계의 중심은 나로부터 비롯된다. 내 삶의 현장(지금 여기)에서 행복하게 살아갈 용기가 필요할 뿐이다.

책을 읽으면서 자신의 예상 스토리와 책의 진짜 스토리를 비교해 보면 독서의 재미가 배가 된다. 글이나 책을 쓸 때도 전체 내용을 어느 정도 예상하고 원고 집필을 시작할 수 있으므로 이 연습이 도움이 된다. 적어도 목차만 그럴듯해 보이는 엉터리 책에 낚이지 않는 경지에 도달할 수 있다.

자신이 쓰고 싶은 책이 있는데 목차가 잡히지 않을 때는 이 과정을 반대로 하면 목차의 얼개를 잡을 수 있다. 먼저 자기가 책으로 쓰고 싶은 주제를 친구나 연인에게 얘기하듯이 스토리로 적어놓고 그다음에 키워드들을 뽑아서 살을 붙여 목차를 구성하는 것이다. 목차 잡기는 꾸준한 연습이 반드시 필요한 영역이다.

목차 작성에 어려움을 겪는 사람들은 목차 작성 과외를 받기도 한다. 책 쓰기 초보자들은 어렵게 제목을 잡았다고 하더라도 대부분 목차 작성의 벽을 넘지 못한다. 그런 이유에서인지 목차 잡기 4시간 워크숍, 목차 잡기 컨설팅까지 등장했다. 독자들의 예상보다 컨설팅 가격이 꽤 센 편으로, 책 한 권의 목차를 잡는 데 두세 시간 컨설팅 비용으로 최소 100만 원에서 250만 원을 내야 한다. 이는 책 쓰기 본 과정 비용에 별도로 추가되는 비용이다. 책 쓰기 본 과정은 8주에 두세 시간씩 총 8회 강연을 듣고 실습하는 데 최소 300만 원에서 1,000만 원 상당이다. 그만큼의 비용을 지불하고서라도 목차 잡기 컨설팅을 받으려는 수요가 있음을 보여주는 것으로, 가격 논란은 논외로 하겠다. 이런 현상을 보더라도 목차 잡기가 책 쓰기 과정에서 얼마나 중요한지 알 수 있다.

자기주도적 독서가라면 독자들의 구매 욕구를 자극하기 위해 그럴듯한 미사여구로 치장한 목차를 판별해낼 수 있어야 한다. 앞서 제시한, 목차를 통해 스토리를 작성하는 연습을 꾸준히 해낸다면 목차를 보는 안목이 점점 높아질 것이다. 또한 목차에서 뽑아낸 키워드를 중심으로 빠르게 책을 읽으면서 목차와 본문과의 차이점도 발견할 수 있다. 나아가 자신의 책을 쓸 때 누군가의 도움 없이 목차의 얼개 정도는 스스로 뽑아낼 수 있는 능력을 갖추게 된다.

이후 전개될 책의 서문 속에 숨겨진 패스워드까지 찾는다면 책의 구조와 내용이 예전보다 더 선명하게 드러나는 체험을 하게 되고 작가의 의도에 바짝 접근할 수 있다.

04
서문까지 검토해야
책 선택에 후회가 없다

필자도 책의 서문은 그저 주변 지인들에게 감사 표시를 하고 작가의 희망사항을 담는 부분이라고 오해했던 적이 있다. 어떤 책의 서문은 마치 연예 대상 시상식에서 수상자들이 누구, 누구의 이름을 부르며 감사 표시를 하는 형태로 마무리되기 때문이다.

책 제목이 '아이디'라면, 서문은 본문의 핵심적인 내용에 접근할 수 있는 '패스워드'와 같다. 서문은 본문 속에 작가가 숨겨놓은 보물, 즉 핵심적인 내용을 찾아갈 수 있는 길이 표시된 보물 지도의 역할을 한다.

또한, 집으로 들어가는 현관문에 새겨진 표식과 같은 상징적인 기능을 수행한다. 현관문에 걸린 십자가나 불교 문양이 있으면 집주인의 종교와 집안 분위기를 예상할 수 있듯이 서문에 담겨진 단서로 작가의 숨겨진 의도와 본문의 핵심 내용을 엿볼 수 있다.

독자들은 서문의 내용을 살펴보고 작가의 집필 목적과 그 책에서 얻을 수 있는 편익을 고려하여 그 책을 계속 읽을지 말지를 결정한다. 1년에 책을 서너 권 읽는 경우라면 책을 선택하는 데 별 어려움을 느끼지 않을 수도 있다. 필자는 이를 '계절 독서'라 한다. 다시 말해, 계절이 바뀌는 길목에서 감정의 변화에 따라 한 권씩 읽어낸다는 의미다. 재미를 위한 취미로서의 독서, 베스트셀러를 통해 지적 유희와 대화를 위한 독서를 즐긴다면 상대적으로 책 선택에 부담이 적을 수밖에 없다.

그러나 자신에게 닥친 문제를 해결해야 하고 뚜렷한 목표를 갖게 되면 사정이 달라진다. 바쁜 시간을 쪼개어 한 달에 5권 이상의 책을 읽어야 되는 상황이 되면 철저한 시간 관리와 함께 책 선택에 신중해질 수밖에 없다.

이 책을 집필하는 게 목표였던 당시 필자는 책을 읽을 시간을 확보하기 위해 당장 영화와 드라마 시청을 끊었다. 저녁 약속도 줄여야 했다. 책 쓰기에 꼭 필요한 책을 선별하는 데 공을 들여야 했으므로 일주일에 10권 이상을 독파해야 했다. 보통 한 권의 책을 쓰기 위해서는 최소 100권 이상의 참고 도서가 필요하다.

독서법에 종종 '전략'이라는 거창한 이름을 붙이는 이유가 여기에 있다. 자신의 소중한 시간과 돈이라는 자원을 독서에 투입할지, 다른 취미나 생산적인 활동에 사용할지, 그 우선순위를 정해야 하기 때문이다. 독서에 투자한 시간에는 반드시 여러분의 시급과 기회비용을 포함시켜야 한다. 앞서 말했듯 한 권을 읽는 데 소요되는 비용은 책값 1만 원이 아니라, 100만 원이기 때문이다(72쪽 박스 참조). 따라서 아무리 바쁘더라도 책을 고를 때 반드시 서문을 읽고 신중하게 선택해야 한다.

서문의 중요성은 초보 작가들이 출판사에 투고할 때 더 빛을 발한다. 독자들이 서문을 보고 책을 선택하기 때문에 출판사들은 작가의 서문에 집중한다. 서문을 작가의 집필 방향과 집필 스타일, 문장력을 가늠하는 기준으로 삼는 것이다. 작가가 되기 위해 거쳐야 하는 1차 관문인 셈이다. 그래서 시중에 수백만 원을 호가하는 책 쓰기 과정의 커리큘럼을 보면 아예 대놓고 수강생이 출판하고 싶은 분야의 경쟁 도서 서문을 필사하도록 유도한다.

출판사에 투고를 할 때는 전체 원고를 다 보내는 경우도 있지만 출판 제안서와 제목, 목차, 서문, 샘플 원고(전체 원고가 아닌 보여주고 싶은 부분만 추출한 원고의 일부)만 보내기도 한다. 이때 출판사 입장에서는 전체 원고를 점검할 수 없기 때문에 서문을 통해 작가의 핵심 내용 장악력과 문체, 필력을 검증한다. 그렇기에 책 쓰기 수업을 들을 때 제목과 목차가 정해지면 서문으로 출판 기획자의 마음을 사로잡을 수 있도록 집중적인 코칭이 이루어진다.

출판사 기획자나 편집자가 작가 프로파일링을 한 후 출판 계약을 할지 말지 결정하는 데 막대한 영향을 미치는 부분 또한 서문이다.

따라서 독자와 저자 혹은 출판 기획자와의 밀고 당기는 심리 게임이 서문에서 본격적으로 시작된다. 독자의 입장에서는 책을 선택해서 구매할지 말지를 결정하는 비즈니스 셈법이 존재하는 단계이자 자신의 문제 해결을 위해 그 책에 시간과 비용을 투자할지 말지 전략적인 판단과 선택을 해야 하는 순간이기도 하다.

그러므로 서문의 중요성을 제대로 인식하고 서문에서 자신의 독서 목적에 부합하는 유익한 정보나 핵심 지식을 추출하기 위한 사전 준비를 해야 한다. 무엇보다 다음 세 가지는 꼭 점검하고 넘어가도록 하자.

1. (서문에 있는) 작가가 책을 쓴 이유와 목적이 문제 해결의 목표와 일치하는지 점검하라.
2. (서문에) 경쟁 도서에 없는 그 책만의 장점과 특징이 잘 소개되었는지 점검하라.
3. (서문에) 구체적으로 얻고자 하는 정보나 지식, 사례에 대한 암시가 있는지 점검하라.

앞에서도 언급했듯이 적합한 책을 선택하고 본문 내용의 질을 사전에 검증할 수 있는 3종 세트는 바로 '제목, 목차, 서문'이다. 이 3종 세트로 책을 판단하는 과정은 이미 이름만 들어도 알 수 있는 대작가나 학자들이 사용하여 효과를 입증한 방식이다. 또한 이미 많은 독자가 실행하고 있는 방식이기도 하다.

이문열 작가도 모든 책을 처음부터 끝까지 정독하지는 않는다고 했다. 때로는 선별적으로 목차와 서문만 보고 전체적인 흐름을 파악했던 것이다. 그렇게 핵심만 뽑아 읽고 나면, 후에 관련 내용이 필요할 때 기억을 되살려서 활용할 수 있어 유용하다고 했다.

천문학자인 이명헌 교수도 유학을 다녀온 후 강연을 준비하기 위해 한 달간 집중해서 책을 읽어야 하는 때가 있었다고 한다. 그때 서점에 가서 제목, 서문, 목차를 보고, 무작위로 본문의 몇 군데만 펼쳐 본 후, 마음에 드는 50여 권을 선별해서 구매했다고 한다.

전문가들의 방식과 앞 꼭지에서 다룬 제목과 목차에서 낚이지 않는 방법을 결합하여, 본문 내용의 질을 판단하는 과정을 다음과 같이 단계별로 정리할 수 있다.

1차 관문은 '제목'으로, 낚일 가능성이 가장 높은 단계다. 책을 선택하기 전에 책 제목과 장 제목의 키워드들이 상호 연관성이 있는지 점검하라. 책 제목과 장 제목으로 연결되는 스토리의 흐름이 어색하거나 논리적이지 않으면 일단 1차 경고다.

2차 관문은 '서문'이다. 서문에서 제목과 목차 속 핵심 키워드들을 중심으로 본문 내용에 대한 구체적인 방향을 제시하고 있는지, 제목과 목차에서 약속한 콘텐츠가 담겨 있는지를 점검하라. 만약에 앞서 말한 일련의 흐름에 빗나가는 징조가 보이면 최종 점검이 필요하다.

2차 경고다.

2차 경고에 빨간불이 들어오면 마지막 3차 관문을 통과해야 한다. 바로 '본문 일부에 대한 점검'이다. 목차 중 가장 관심이 가고, 흥미를 자극하며, 당장 문제 해결에 필요한 정보로 추정되는 부분을 찾아서 내용의 질을 점검하라. 모든 본문 내용을 다 읽을 필요는 없다. 문단의 첫 문장과 끝 문장을 보면 해당 본문 내용을 80퍼센트 이상 이해할 수 있다.

앞서 기술한 3종 세트(제목, 목차, 서문)로 책의 구조를 파악함으로써, 비로소 본격적인 아웃풋 독서의 3단계로 진입할 준비가 끝난 셈이다.

● "창조적 책 읽기 방법은 무엇일까? 저자 소개, 제목, 목차, 서문 등을 훑어보며 책의 구조를 미리 파악한다."[3]

– 교보문고 독서 경영연구소 송영숙 소장

이렇게 책의 구조에 대한 파악이 끝나면 구조 속으로 들어가 본격적인 지적 탐험을 시작하면 된다.

이제 여러분은 아웃풋 독서 게임에서 작가의 기선을 제압하기 위한 3가지 아이템(제목, 목차, 서문)을 획득하였다. 드디어 책 속에 작

---

3 '창조적 책읽기가 개인과 기업을 바꾼다', 〈조선일보〉, 2012. 08. 23

가가 숨겨놓은 핵심 보물을 찾는 데 도움을 줄 보물 지도를 손에 쥔 채, 지적 탐구 여행의 출발점에 서게 된 것이다. 지금부터 작가와 본격적으로 경쟁하여 작가를 뛰어넘는 아웃풋 독서의 세계에 도전해보자.

05

왠지 모르게 끌어당기는
책과의 만남

"왠지 모른 척해도 관심이 있는 게 사랑이야."

〈10월의 마지막 밤〉이라는 노래로 기억에 남아 있는 가수 이용이 부른 〈사랑, 행복, 그리고 이별〉의 가사 구절이다. 우리가 한 권의 책을 만나 사랑을 느끼고, 독서를 통해 행복해지고, 또 다른 책을 만나기 위해 이별하는 과정 또한 사랑의 과정과 비슷하다. 인생과 독서는 닮은 구석이 있다.

어느 날 문득 그렇게 한 권의 책이 내 마음속으로 들어와 앉았다. 언제는 독서가 게임이고 경쟁이라 하더니, 이제 와서 독서는 사랑, 행복 그리고 이별이라고? 이제 인정할 때가 되었다. 책과 만나는 과정 또한 인생만큼 파란만장하다. 그래서 나는 이렇게 변명(?)을 하고 싶다.

"〈007 시리즈〉에서 주인공이 경쟁자들과 두뇌 게임만 하고, 정보를 훔치고, 피 터지게 싸움만 하던가요? 묘령의 여인과 이루지 못한 애틋한 로맨스도 있었음을 기억해줘요."

책과의 만남 또한 사랑하는 이와 만나는 과정과 닮았다. 누군가가 추천을 해서, 서평을 보고 읽고 싶어져서 책을 사는 경우도 있지만, 서점에서 만난 '왠지 모르게 관심이 가는' 책과 갑자기 사랑이 싹트는 경우도 꽤 있다. 주말에 강남역 주변을 걷다 보면 선남선녀들이 넘쳐난다. 박진영의 노래 제목처럼 〈어머님이 누구니〉라고 묻고 싶을 정도다. 남녀 가릴 것 없이 키도 훤칠하고 멋지고 예쁘다. 시선을 뗄 수 없지만 애인이나 배우자와 같이 있을 때는 주의해야 한다. 대놓고 보면 반칙이다. 이처럼 책 또한 모른 척하고 싶어도 할 수 없게 관심을 끌어야 제맛이다. 그런 감정을 서점에서 스치며 지나가는 책들을 보고도 느낄 수 있다면 당신은 이미 반쯤 성공한 독서가다.

대형 서점에 가면 눈에 밟히는 책들이 많아서 충동구매 욕구가 슬그머니 고개를 든다. '나는 베스트셀러요' 하고 중앙 서가에 누워 있는 책들의 유혹은 잘 뿌리치더라도, 지나치려고 아무리 애써도 왠지 관심을 끄는 책에서는 눈을 뗄 수가 없다. "또 책을 사왔냐?" 하고 폭풍 잔소리를 쏟아낼 엄마나 아내의 모습마저도 지워버릴 수 있을 만큼 묘한 끌림이 있는 책이다!

그렇다면 도대체 어떤 종류의 책들이 '모른 척해도 관심이 가는 책'이란 말인가? 이미 당신은 답을 알고 있다. 당신 안에 답이 있기 때문이다. 당신의 관심이 그런 책을 끌어당긴다. 당신의 무의식 속 '꿈의 다락방'에서 잠자고 있던 책이 기지개를 펴고 눈속을 파고드는 것이다.

평소에 우리가 무슨 생각을 하느냐에 따라 관심사가 생기고, 생각이 깊어질수록 그 관심이 증폭된다. 관심은 우리의 감각을 일깨우고 오감을 열어 마음이 가는 외부 대상물을 찾게 만든다. 이 관심은 음흉한 사기꾼의 눈에는 지나가는 사람들이 속여 먹을 먹잇감으로 보이지만, 선량한 인도자의 눈에는 지나가는 사람들이 섬길 만한 존재로 보인다. 당신의 평소 생각이 관심을 불러일으키고 마음이 이끄는 대로 시선이 움직임으로써 그런 소중한 책과 연이 닿게 된다.

필자는 이 책이 출간된 후 국내 굴지 그룹 경영진의 리더십에 관한 책을 쓰겠다는 명확한 꿈을 가지고 있다. 그래서 최근에는 인터넷 검색을 해도, 뉴스를 봐도, 서점에 가서 책을 골라도 특정 인물과 관련된 내용부터 들어온다. 온라인 중고 서점에 들어가서도 경영자와 관련된 책들을 장바구니에 넣고 이 책이 나오는 순간 바로 구매하려고 대기하고 있다.

'급격하게 변화하는 내·외부 환경에서 필요한 리더의 조건이 무엇일까?'라는 질문이 마음속에 화두로 자리 잡은 후부터 이는 필자의 주요 관심으로 발전하였다. 관심은 다시 나의 눈을 열어 연관성 있는 책들을 발견하게 만들고 그때마다 마치 무슨 보물이라도 찾아낸 양 기뻐한다. 심지어 어떤 책은 중고 온라인 서점에서 (다른 독자들의 외면으로) 대폭 할인하여 2,000∼3,000원에 구하기도 한다. 하지만 그런 책들마저 20만 원 이상의 가치로 다가온다.

평범해 보이는 2,000∼3,000원의 책에 대한 가치가 이처럼 10배 이상 크게 느껴지는 이유는 무엇일까? 필자에게 국내 굴지의 그룹 경영진에 관한 리더십 책을 쓰고 말겠다는 강력한 동기와 목표가 있기 때문이다. 그 강력한 동기가 연관성 있는 책들을 끌어당기고 독서에 몰입할 수 있도록 유도하는 것이다.

여유 시간에 취미로 하는 독서의 동기와는 그 강도가 다르다. 필자도 취미로 독서를 즐기지만, 목적이 확실할 때 하는 독서 동기의 강도와는 비교할 수 없다. 여러분도 자신에게 책을 읽어야 할 강력한 동기가 있는지 스스로 점검하기 바란다.

사실 책을 쓴다는 동기가 언뜻 좋아 보이지만, 그리 녹록지 않은 작업이다. 퇴근 후에 저녁을 먹자마자 소화가 채 되기도 전에 저녁 8시쯤 카페에 자리를 잡는다. 그때부터 밤 12시쯤 문을 닫을 때까지 엉덩이를 붙이고 하루에 4시간 정도 꼬박 글을 써야 한다. 처음 일주일은 몸과 마음이 몹시 힘들었다. 하지만 한 꼭지, 한 꼭지씩 써나가며 한 장(Chapter)이 완성되고 페이지 수가 늘어가는 순간 탄력이 붙기 시작한다. 한 꼭지가 완성될 때마다 작은 성공의 묘미를 느낄 수 있다.

리더십에 관한 주제를 집필하는 건 필자에게도 생소한 도전이다. 일반 팀장급의 리더십이 아닌 그룹 경영진에 관한 리더십에 관한 것이라 상대적으로 집필 난이도 또한 높다고 생각한다. 그럼에도 '현재 자신의 능력보다 조금 높은 수준의 과제가 몰입을 유도한다'는 근거가 있어 한 번은 도전해볼 만한 일이라고 받아들이기로 했다.

현재 원고에서 부족한 부분은 이미 확보해놓은 리더십 관련 책들로 발췌 독서를 해서 채우면 된다. 해당 인물의 역사에 관한 자료를 근거로 인물 프로파일링을 함으로써 경영자에 대한 접근 또한 가능하다. 프로파일링 기법을 통해 생생하게 그의 중장기 사업 비전, 경영 철학과 성품, 리더십 스타일 등을 추출해낼 수 있기 때문이다.

독자의 상황에 따라 독서의 가장 강력한 동기는 달라질 수 있다. 무작정 독서를 하기 이전에 현재 자신에게 시급하고 중요하게 해결해야 할 문제나 이슈가 무엇인지 잠시라도 생각해보자. 책 읽기는 사실 인생에서 가장 중요한 자원인 시간 관리와 밀접한 연관성을 갖는다. 잠시 인생의 길에 멈춰 서서 생각대로 살아가는 지혜를 발휘하기 바란다.

시간을 내어 고민해본 결과 현재 자신의 삶에서 어떤 문제나 이슈가 드러난다면 독서를 통해 해결할 수 있는지를 점검해보자. 질문을 던지고 가설 형태의 해결책을 글로 적어보고, 핵심 단어들을 추출해 내라. 해당 핵심 단어들로 연관 책 리스트를 마련하고, 온라인·오프라인 서점과 중고 서점에 들러 장바구니로 옮겨라. 어떤 계기로 마음에 울림이 생기거나 책을 사고 싶은 충동이 강력히 일어나거든 이미 옮겨놓은 장바구니에 지름신을 내려라.

마음이 가는 책을 집고, 핵심 단어들을 중심으로 평소보다 두세 배 빠른 속도로 책장을 넘겨라. 그때부터 그 책에 대한 깊은 관심이 당신을 '집중의 단계'로 끌어올리고, 책 외에는 어떤 것도 눈에 들어오지 않는 '몰입의 단계'로 이끌어준다. 당신이 손에 들고 있는 그 책이 '독서 몰입의 세계'로 초대할 것이다.

3장

7퍼센트
핵심을 훔쳐
나에게 필요한
지식으로 창조하라

01

아웃풋 독서 3단계:
상황 파악–실행–정리

지금까지는 그동안 독서에 대해, 책에 대해 가졌던 고정 관념을 깨고 책에 숨어 있는 상술에 넘어가지 않기 위해 알고 있어야 하는 책의 여러 요소에 대해 알아보았다. 이를 통해 독자 여러분은 자신이 갖고 있던 독서에 대한 관점을 조금 더 새롭게 정립할 수 있었으리라 믿는다.

그렇다면 지금부터는 본격적으로 책을 선택하고 읽어나갈 차례다. 필자는 독서를 통해 실질적인 변화를 일으키기 위해서는 궁극적으로 결과물을 만들어내는 아웃풋 독서를 행해야 한다고 생각한다. 앞서 말했듯 아웃풋 독서법이란, 자신이 처한 상황에 필요한 정보를 책으로부터 취득하고 활용하여 결과물, 즉 나만의 책을 써내는 독서법이다. 이를 위해서는 먼저 자신의 '상황'을 파악하여 그에 맞는 독서 동기를 명확히 하고, 동기에 맞는 책을 선택하여 실제로 독서를 '실행'하고, 독서 후에 떠오른 새로운 생각을 '정리'하는 3단계 과정을 거쳐야 한다.

아웃풋 독서의 모든 단계에서 공통적으로 고려해야 할 포인트는 '독자 자신이 처한 고유하고 특별한 상황에 주목하는 것'이다. 계속 반복하고 있지만 모든 방법론과 방식의 선택에 있어 우선적으로 고려해야 하는 요소는 당신의 상황임을 기억하라. 바꾸어 말하면 세상에 절대적인 독서 방법론은 존재하지 않는다는 말이다. 따라서 아웃풋 독서는 당신이 처한 상황에 따라 방법론을 선택하는 '상황 대응 독서법'이라고 정의할 수 있다.

당신의 상황에서 해결해야 할 이슈나 문제가 무엇인지부터 정의하고 독서를 시작해보자. 이슈나 문제라는 표현 자체가 너무 막연하고 강한 어조로 느껴질 수도 있다. 따라서 오른쪽 페이지에 있는〈독서 동기와 스타일을 파악하는 8가지 질문〉을 활용하여 내가 지금 왜 독서를 하고자 하는지, 무슨 문제를 해결하고 싶은 건지 자신에게 솔직하게 질문을 던져보자.

그리고 어떻게 자신이 필요로 하는 엑기스를 책으로부터 뽑아내어 당신의 오늘이 어제보다 행복해지는 데 활용할 수 있는지 생각해보자. 책을 펼치고 덮기까지 거쳐야 하는 아웃풋 독서의 3단계를 통해 그 단서를 찾아보기 바란다.

각 단계에 대해 구체적으로 설명하면 다음과 같다.

1단계는 독자가 처한 상황에서 독서의 목적과 직접적인 동기를 발견하는 단계다. 독서의 동기와 목적이 명확할수록 독서 속도가 빨라지고, 독서 중 몰입에 이를 수 있다는 사실은 이미 언급했다. 잠시 시간을 내서 지금 내게 독서가 필요한 이유를 자문자답하는 과정이 반드시 필요하다.

독서 동기와 스타일을 파악하는 8가지 질문

질문 1. 무료한 일상에 청량감을 주기 위해서인가?

질문 2. 누군가를 기다리다 시간이 남아서 혹은 심심해서 하는 킬링 타임을 위한 것인가?

질문 3. 최신 트렌드(예. 혼자 살기)에 뒤떨어지지 않기 위해서인가?

질문 4. 넓고 얕은 지식을 쌓아 지적 대화에 끼고 싶어서인가?

질문 5. 장기적으로 통찰력과 인문학적 소양을 기르기 위해서인가?

질문 6. 블로그에 쓰는 서평이나 어딘가에 제출해야 하는 독후감을 쓰기 위해서인가?

질문 7. 당장 시급한 문제(직장에서의 업무 지시, 학교 리포트 등)를 해결하기 위해서인가?

질문 8. 자신의 이름으로 논문이나 책을 쓰기 위해서인가?

독서에 대한 동기가 어디에 있는지 찾았는가? 이제 다음의 내용에서 독서 동기를 통해 자신은 어떤 유형의 독서가인지를 더 구체적으로 정리해보도록 하자.

"독서는 그냥 취미지! 영화 보고, 뮤지컬 보듯이, 책도 보는거지."

▶ 독서에 대해 이렇게 생각한다면 그냥 하던 대로 하면 된다. 건국 이후 어떤 설문조사 건 취미를 묻는 칸에는 거의 항상 '독서'가 자리 잡고 있었다. 그렇다면 당신은 위의 질문 1, 2와 관련 있는 '취미로서의 독서가'다.

"베스트셀러는 나름 검증받은 거잖아! 그냥 읽으면 되는 거 아닌가? 요즘 인문학이 대세라니까 가벼운 입문서 정도만 들춰보고, 사람들하고 이야기할 수 있으면 되지, 뭐."

▶ 역시나 그냥 하던 대로 하면 된다. 선택은 독자의 자유다. 당신은 질문 3, 4와 밀접한 '지적 유희로서의 독서가'다.

"독서는 평생 꾸준히 하면서 지성인으로서 교양을 쌓아야 되는 거 아닌가? 요즘 나오는 책들은 너무 가벼워서 불기만 해도 날아갈 것 같아."

▶ 지금까지 하던 대로 계속 하면 된다. 당신은 질문 5와 관련 있는 '교양으로서의 독서가'다.

"책을 읽었으면 학교 다닐 때처럼 한 줄 느낌이라도 남겨줘야 작가에 대한 예의 아닌가? 남들은 블로그에 책 읽고 몇 줄이라도 쓰는데, 나도 기록을 남겨야지."

▶ 책을 읽고 뭐라도 '흔적을 남기고자 하는 (흔남) 독서가'다. 책으로 지식을 맛있게 먹은 후에 뭐라도 써야 개운한, 예시 질문 6과 관련된 유형이다. 아웃풋 독서 게임에서 가점 포인트를 받을 수 있는 유형이다.

"4차 산업혁명 시대에 인공지능과 경쟁하려면 독서는 생존의 도구 아닌가? 컴퓨터는 잠도 안 자고 스스로 공부하는데, 이에 지지 않으려면 인간도 책이라도 읽고 보고서도 쓰고, 리포트도 써야지."

▶ 시대의 흐름에 맞춰 생존을 하기 위해 책을 읽는 '창조적 생존형 독서가'다. 동시에 생계를 위한 '창조적 생계형 독서가'이기도 하다. 질문 7와 관련 있는 독서가로, 아웃풋 독서 게임에서 가점 포인트를 받을 수 있는 유형이다.

"책을 100권 이상 읽었으면 그때마다 한 권의 책을 남기는 게 무릇 독서가의 자세 아니던가? 학문을 연구하였으면 자신의 이름으로 논문을 남기는 게 공부하는 자의 도리가 아니던가?"

▶ 호랑이는 죽어서 가죽을 남기듯, 살아 있을 때 책과 논문을 남겨야 한다고 생각하는, 예시 질문 8과 밀접한 '자아실현의 독서가'다. 이 또한 아웃풋 독서 게임에서 가점 포인트를 받

을 수 있는 유형이다.

이 중에서도 아웃풋 독서가가 기본적으로 추구하는 방향은 마지막 두 가지 유형처럼 책을 읽고 난 후 어떤 형태로든 흔적을 남기는 것이다. 자신의 느낌이나 의견, 떠오른 생각들을 독후감, 서평, 보고서 혹은 리포트 내용에 포함시키는 등 다양한 형태로 각자 처한 상황에 맞게 재생산하는 데 의의를 둔다. 그런 과정을 거쳐야 사고력이 향상되고, 자신의 경험과 아이디어를 결합하여 나만의 작품을 만들어낼 수 있기 때문이다.

독서의 동기를 강화하기 위해 책의 속지 중 빈 공간에 위에서 제시한 8가지 질문과 그에 대한 답변을 연필로 직접 적어볼 것을 추천한다. 위에 제시된 질문 유형을 프린트해서 체크해보는 것도 한 가지 방법이다. 그다음 책을 다 읽은 후 처음에 메모했던 독서의 목적과 여전히 같은지 아니면 달라졌는지를 한번 확인해보라. 이 과정을 통해 독서의 또 다른 즐거움을 느낄 수 있다.

아웃풋 독서의 2단계는 1단계에서 파악한 독서의 동기에 따라 선택한 책을 어떻게 읽을지를 결정함으로써 본격적으로 독서를 실행하는 단계다. 독서의 동기와 선택한 책의 장르에 따라 구체적인 독서 방식을 선택하는 단계로, 속독 혹은 정독, 발췌독 혹은 완독 중 적합한 방식을 골라야 한다. 2단계에서도 가장 중요한 포인트는 독자가 처해 있는 상황에서 상대적으로 유리한 방식을 취해야 한다는 것이다.

우선 타인의 경험과 노하우의 집합체라 할 수 있는 책에서 정수를 뽑아낸다. 아웃풋 독서가는 자신의 경험과 아이디어를 결합하여 새로운 결과물을 생산하는 언어의 연금술사이기 때문이다. 2단계에서 독서를 통해 얻고자 하는 것은 '새로운 정보와 지식, 감성 충전, 지혜(깨달음)' 등의 키워드로 압축할 수 있다.

우선 유용한 정보나 지식을 얻는 것이 목적이라면, 실용서 중심의 발췌독이나 속독이 효과적이다. 이때 문제 해결을 위한 질문과 해결 방향을 설정하고 반드시 이를 문장의 형태로 기록한다. 그리고 그 문장들 속에 담긴 핵심 단어와 연관된 책을 선택하라. 책을 읽을 때는 그 핵심 단어를 중심으로 평소보다 두세 배 빠른 속도로 정보를 필터링하면서 필요한 지식과 사례를 추출한다. 앞 장에서 여러 번 구체적으로 설명하고 강조한 방식이다.

만약 책을 통해 감성을 자극하고 감수성을 높이는 게 목적이라면 문학 중심의 정독이 효과적이다. 소설이나 시에는 독자들의 감정선을 건드리는 대목이 숨어 있다. 이때는 의식적으로 독서의 속도를 낮추고 등장인물의 대화나 감정의 흐름, 갈등요소를 쫓아가며 자신의 감정을 이입해야 한다.

등장인물과 거의 동일시되는 감정이입의 단계까지 가면 감정의 카타르시스(감정의 교류와 해소)가 생긴다. 가장 좋은 방법은 작품 속 인물 한 명을 자신으로 정하고 감정을 살려 소리 내어 읽는 것이다. 그렇게 하면 작품 속에 있던 인물이 생생하게 살아나 자신에게 다가오는 느낌을 받을 수 있다. 문학 작품은 등장 인물과 독자와의 감정적·정신적 교류를 통해 완성된다.

마지막으로 지혜(깨달음)를 얻고자 할 때는 좀 더 유연한 자세로 책을 대할 필요가 있다. 지혜는 책의 장르에 관계없이 불현듯 찾아올 수 있어 어느 장르에서 얻기 쉽다고 일반화하기 어렵기 때문이다. 전문가들은 그 깨달음의 순간을 '아하! 체험'이라고 부른다. 책을 읽다 보면 슬픈 내용이 아닌데도 자신도 모르게 눈물이 흐르기도 한다. 무릎을 치고, 벌떡 일어나게 되는 등의 이상(?) 증상이 수반되거든 '아하! 체험'의 상태에 도달했다고 이해하면 된다. 그 순간에도 아웃풋 독서가에게 중요한 포인트는 그 느낌과 감정을 기록해야 한다는 것이다.

아웃풋 독서의 3단계는 2단계에서 행한 독서를 통해 추출한 새로운 정보나 지식, 감동, 깨달음, 독서 중 떠오른 아이디어, 생각 등을 정리하는 단계다. 우선 작가의 의도와 자신의 해석을 비교하여 어떤 차이가 있는지, 자신의 생각이 보편타당한지 스스로 점검한다. 이를 점검하는 구체적인 방법으로, 자신이 쓴 서평을 다른 파워블로거나 독서 전문가들이 쓴 서평과 비교하며 본인이 놓친 부분은 없는지 살펴보길 추천한다.

이 마지막 단계는 정리한 내용을 표현하고 공유하는 구체적인 방법론을 체득해야 하는 단계이기도 하다. 이제부터 독자 여러분은 아웃풋 독서의 본 게임에 참여하게 된다. 이번 관문을 거쳐야만 나만의 책을 쓰는 단계로 들어갈 수 있는 자격을 획득할 수 있다. 건투를 빈다.

02

표지 속에
책의 정수가 담겨 있다

"옷깃만 스쳐도 인연이다."

생전 모르는 사람끼리 길에서 옷깃을 스치는 사소한 사건도 깊은
인연에서 연유함을 일컫는 말이다. 유명 수필가인 피천득 선생은 생
전에 "우매한 사람은 인연을 만나도 몰라보고, 평범한 사람은 인연인
줄 알면서도 놓치고, 현명한 사람은 옷깃만 스쳐도 인연을 엮어낸다."
고 말한 바 있다.

책은 작가의 분신이다. 따라서 책을 스쳐가며 제목만 보아도 그 또한
작가와 인연이 닿은 것이라 볼 수 있다. 작가가 글로 쓴 게 원인이 되어,
작가의 분신이 제목이라는 이름표를 달고 당신 앞에 나타난 것이다.
책 표지에 제목을 내세워 독자에게 인연을 맺자고 청하는 격이다. 그
책과 본격적인 인연을 맺을지 말지는 순전히 독자의 선택에 달려 있다.

자신에게 적합한 한 권의 인연을 만나기 위해 대형 서점과 도서관, 동네 서점을 돌아다니며 발품을 팔아본 적이 있는가? 물론 온라인이나 모바일로 책을 선택하고 구매하는 편이 훨씬 편리하긴 하다. 하지만 활동성을 중시하는 아웃풋 독서가에게는 대형 서점이나 도서관을 정기적으로 방문하는 게 유익하다.

대형 서점이나 도서관에 갔다고 해서 꼭 책을 사거나 빌리지 않아도 된다. 책 제목만 스쳐가듯 봐도 긍정적인 자극을 받을 수 있기 때문이다. 그러다 보면 책을 선택하는 안목이 쌓이고, 특정 분야의 트렌드를 읽어내는 눈을 키울 수 있다. 실제로 출판 기획자들은 독자보다 6개월 정도 앞서가는 트렌드와 관심 키워드를 잡아내어 미래의 변화상에 대한 힌트를 제공한다.

책 한 권이 아니라 해당 분야의 책 제목 전체를 스쳐가듯 쭉 훑어보는 것만으로도 트렌드를 읽어낼 수 있다. 책 제목을 통해 '혼자 살아가기'라는 트렌드를 추적해보자.

『가끔은 격하게 외로워야 한다』(21세기북스), 『지금 외롭다면 잘되고 있는 것이다』(위즈덤하우스), 『혼자 있는 시간의 힘』(위즈덤하우스) 등 이런 제목을 통해 '혼살(혼자 살아가기) 트렌드'를 읽어낼 수 있다. 혼밥(혼자 밥 먹기), 혼술(혼자 술 마시기), 드라마 〈혼술남녀〉, 〈혼숨〉('혼자 숨바꼭질을 한다'는 뜻으로 영화 제목이기도 함) 등 출판계뿐 아니라 다른 분야 또한 서로 영향을 주고받으며 혼자 살아가기 트렌드와 관련된 시장을 키워가고 있다.

주변에 대형 서점이나 도서관마저 없는 경우에는 주요 일간지의 신간 소개 섹션을 활용하면 된다. 여기서 주의할 점은 각 신문사가 강조하고 싶은 메시지나 트렌드에 따라 다루는 도서들이 달라진다는 것이다. 따라서 주말만이라도 입장이 다른 종류의 신문(보수·중도·진보 성향의 경제지)을 사서 비교해보면 관점의 차이에 따른 분야별 주요 트렌드를 읽어낼 수 있고, 생각의 지평을 넓힐 수 있다. 동시에 책의 장단점과 저자의 주장이 갖고 있는 한계를 미리 파악하고, 이로써 책 선택에 결정적인 도움을 얻을 수도 있다.

다음은 자칫하면 스치며 흘려 보낼 수 있는 책 속 작은 단서들의 쓰임새를 살펴보자. 이러한 단서들은 책 내용을 예상하고 책의 구매를 결정하는 기준으로 활용될 수도 있다.

신중하게 사람을 사귀어야 좋은 관계로 발전하고 추억을 남길 수 있듯이, 책도 초기에 제대로 선택해야 오랫동안 좋은 기억으로 남는다. 사람을 처음 사귈 때 중요한 판단 기준이 되는 것은 첫인상과 인상착의다. 비즈니스 만남에서는 서로 명함을 교환하고 자신의 이름과 소속을 말하며 테이블에 앉는다. 순간 첫인상이 좋으면 타인에게 호감을 주고, 단정한 옷차림은 상대방에게 신뢰를 준다.

여기서 사람의 이름은 곧 '책 제목'이다. 그리고 책의 첫인상은 '책 표지 디자인'이라 할 수 있다. 표지 디자인이 화사하고 말끔하면 내용을 보기도 전에 책에 눈길이 가고 호감이 생긴다. 옷에 배지나 액세서리를 달아 포인트를 주듯, 출판사에서는 책 표지에도 간결하지만 호소력 있는 문장들을 배치하여 독자들의 눈길을 사로잡는다. 국회의원의 황금색 배지와 유명 회사의 배지는 권위와 신용을 상징하는 역할을 한다. 제목을 중심으로 배치된 책 표지 속의 간결한 문장들도 핵심 메시지나 책의 특징을 암시하는 콘셉트 문장일 가능성이 높다. 따라서 제목만큼이나 중요하게 관심을 가지고 점검할 필요가 있다.

필자의 독서법 책 『맛있게 책 읽기』를 예를 들어보겠다. 표지를 보면 노란색 테이블 커버 위에 옅은 꽃무늬 테두리가 있는 접시 한 가운데 『맛있게 책 읽기』라고 크게 쓰여 있다. 제목 바로 위에는 조그맣게 '이제는 책도 먹어야 하는 시대!'라고 적혀 있다. 책 제목보다 글씨 크기가 작아서 그냥 지나칠 수도 있지만 사실상 '이제는 책도 먹어야 하는 시대!'가 책의 콘셉트나 마찬가지다. '딱딱한 곰보빵처럼 팍팍한 책을 요거트처럼 맛있게 먹을 수는 없을까?'라는, 책을 음식에 비유해보고 싶다는 다소 엉뚱한 발상에서 기획이 시작되었기 때문이다.

지금 당장 책 한 권을 꺼내 표지를 살펴보자. 책 제목을 중심으로 표지에 배치된 간결한 문장들이 보이는가? 이를 통해 우리는 책의 콘셉트나 출판사의 기획 의도를 엿볼 수 있다. 아웃풋 독서가는 스쳐가는 작은 단서라도 놓치지 않고 책의 핵심 내용을 예상하고 책을 선택할 때 이를 적극적으로 활용한다.

남자들은 흔히 유명 브랜드의 벨트나 시계로 자신의 정체성을 드러내곤 한다. 유명 브랜드에 대한 호불호는 천차만별이라 무엇이 더 가치 있는가를 판단하는 일은 논외로 한다. 다만, 유명 브랜드의 물건을 두르고 나온 데는 자신을 돋보이게 하려는 노림수가 있음이 분명하다.

책에도 벨트나 시계와 같은 '띠지'라는 게 있다. 책 표지에 일체형으로 아예 인쇄된 경우도 있고, 책과는 별도로 제작되어 책 앞표지, 뒷표지에 하나의 띠처럼 둘러진 경우도 있다. 예전에는 책을 읽다 보면 띠지가 자꾸 벗겨지고 표지에 다시 꺼넣는 게 귀찮아서 별생각 없이 쓰레기통에 버렸다. 그러던 어느 날 대여했던 책을 반납하려는데 반드시 띠지가 있는지 확인해서 보내라는 안내문을 받았다. "그게 뭐 그렇게 중요하다고 그러냐" 하고 투덜대며 띠지를 다시 살펴보았는데, 띠지에도 책의 내용 중 가장 인상적이거나 주제를 암시하는 문장들이 숨어 있음을 알게 되었다.

『문제아는 없고 문제 부모만 있습니다』(두란노서원)라는 책의 경우, 흰 바탕의 표지 상단에 제목이 배치되어 있다. 그리고 중간에는 캥거루가 자기 새끼를 주머니에 넣듯 아빠가 자녀를 겉옷에 감싸 안고 서 있는 이미지가 있다. 그 아래 둘러진 주황색 띠지에는 '문제 자녀가 보석 자녀다! 좋은 자녀, 나쁜 자녀가 따로 없다. 다만 부모를 위해 수고할 뿐이다.'라는 문구가 있다. 이처럼 띠지의 문구가 책의 핵심 내용을 암시하고 있을 뿐 아니라, 제목을 부가 설명하며 뒷받침하고 있다. 이 책을 회사 책상 노트북 옆에 잘 보이게 꽂아두었는데, 시

간이 날 때마다 꺼내어 제목과 띠지의 간결한 핵심 문장을 보고 있
노라면 한 권의 책을 다 읽은 것만 같은 착각이 든다.

　만약 책의 전체 내용을 볼 수 없는 상황이라면 책을 선택하기 전에
책 표지와 띠지에 배치된 문장들을 그냥 스쳐 보내지 마라. 이것들
을 본문의 내용을 예상하고 좋은 책과 인연을 맺는 데 유용하게 활
용하기 바란다. 무엇보다 정기적으로 대형 서점이나 도서관에 방문
하여 수많은 제목을 스치듯 지나가며 소중한 인연이 되어줄 책과 운
명적으로 만날 수 있길 기대한다.

03
작가와 벌이는 심리 게임에서
승리하라

"이 시대는 진정한 영웅의 출현을 고대하고 있다."

경제적인 가치를 중시하되,

그것의 종이 되지 않으며

권력의 힘을 인정하되,

부당한 권력 행사에 굴종하지 않으며

성공을 추구하되,

주어진 위치에서 권한과 책임의 균형을 이루어

타인의 기쁨에 동참함으로써 이를 몇 배로 늘어나게 하고

소소한 아픔에도 공감하며 함께 나누어 가질 수 있는,

어릴 때부터 이미 몸에 배어 알고 있지만

아련하게 잊혀가는 추억 속의 진실한 영웅을 마주하고 싶다.

이 글은 '무엇'의 기획 의도를 최대한 살려 필자의 방식으로 표현한 것이다. 읽고 떠오르는 인물이 있는가? 힌트는 'S' 자다. 혹시 넓은 가슴에 대문자 S 자를 붙이고 있는 남자가 떠오르는가? 아쉽게도 정답은 아니지만, 위험에 처한 시민들을 긴급한 순간에 구출하는 영웅을 다룬 영화 〈슈퍼맨〉의 기획 의도라 해도 전혀 손색이 없다.

그렇다면 '무엇'의 기획 의도를 재해석한 것일까? 예상과는 달리 이것은 로맨스 드라마의 기획 의도를 재해석한 내용이다. 웬 로맨스 드라마? 도대체 무슨 드라마란 말인가? 바로 '송송 커플(송송'은 주연배우 송중기, 송혜교를 일컬음. S 자 힌트는 여기서 나온 것)'의 달달한 사랑 이야기로 여성들 사이에 절대적 지지를 얻은, 공중파에서 무려 40퍼센트에 육박하는 시청률을 기록한 기적의 드라마 〈태양의 후예〉 (2016)의 기획 의도(〈태양의 후예〉 공식 홈페이지 참조)를 필자의 언어로 다시 작성한 것이다.

특히 군대 문화에 익숙하지 않은 여성들은 드라마 속 남자 주인공이 현실에 존재하리라는 착각에 빠져 판타지 로맨스에 열광했다. 사실 기획 의도에 극 중 유시진 대위가 보여준 행동 양식을 대입해보면 분명 부합하는 측면이 있다. 한편 군대에 다녀온 예비역들은 매번 불사조처럼 살아 돌아오는 남자 주인공의 비현실적인 설정에 불만이 많았다(감히 발설하지는 못했을 뿐). 나름 기획 의도의 분위기에 맞게 반응한 사람은 정부 고위 관료였다. 그들은 "〈태양의 후예〉가 젊은이들에게 애국심을 고취하고 국가관을 확립하는 데 교육적인 효과가 있다"고 강조했다. 이 드라마는 시청률 제고라는 목적을 달성했지만, 그럼에도 그 작품을 보는 사람들이 처한 입장과 관점에 따라 선호도가 달라진다는 사실을 확인하게 해주었다.

드라마의 기획 의도는 일방통행으로 시청자의 마음을 훔치는 데 있다. 제작자, 감독, 방송 작가는 그들의 기획 의도대로 유지된 대위의 이상적인 이미지를 잘생긴 배우에 덧입혔다. 이로써 대한민국 여성들의 가슴을 설레게 하고 마음을 훔치는 데 성공했다. 마찬가지로 베스트셀러 책 이면에도 다분히 상업적인 기획 의도가 깔려 있지 않은지 유의해서 살펴볼 필요가 있다. 독자들도 책을 기획하는 출판사나 집필하는 작가의 의도대로 마음을 빼앗기고 있는 것은 아닐까? 그리고 과연 이것이 베스트셀러라는 이유만으로 무분별하게 책을 구매하는 독자들에게만 해당되는 이야기일까?

바람직한 독서란, 독자와 저자가 대화를 나누는 행위다. 독자가 이미 갖고 있는 배경지식과 사유를 통해 책 속에 작가가 숨겨놓은 보물을 찾아내는 상호작용의 과정이다. 작가가 숨긴 보물은 독자의 정서적 반응을 불러일으키는 감동일 수도 있고, 독자의 문제 해결에 단서가 되는 지식이나 지혜일 수도 있다.

독자는 책을 읽으면서 작가가 말하고자 하는 핵심 주제나 메시지를 찾기 위해 끊임없이 의미를 재구성한다. 주로 추리 소설을 읽을 때 우리는 작가가 부분적으로 암시하고 있는 단서들을 종합해가며 범인을 예측해나가고, 책의 결말에 이르러서 비로소 자신의 추론이 맞았거나 혹은 틀렸다는 사실을 확인하게 된다. 이는 부분적으로 암시하고 있는 단서들을 종합해가며 추론을 통해 범인을 예측하고 사건을 풀어가도록 구성된 추리 소설의 고유한 특성이다. 그렇다면, 다른 장르의 책을 읽을 때도 그런 방식을 차용하면 어떨까? 작품 속에서 특정 문장이나 비유적인 표현, 상징물 등을 통해 저자의 의도를 파악해보는 것이다.

작가는 작품의 완성도를 높여 독자들의 공감을 이끌어내기 위해 핵심 문장이나 비유적인 표현, 상징물들을 책 전반에 걸쳐 숨겨놓는다. 작가는 이를 숨기려 하고, 독자는 그 단서들을 찾으려 하는 미묘한 밀고 당기기가 끊임없이 이루어지면서 독서의 재미가 점점 배가된다. 결국 독서란, 독자가 저자의 의도를 파악하기 위해 벌이는 한판의 심리 게임이다.

소설의 경우, 핵심이 되는 한 문장이 전체의 내용을 암시하기도 한다.

● "그는 걸프 해류에서 조각배를 타고서 혼자 낚시하는 노인이었고, 고기를 단 한 마리도 잡지 못한 날이 이제 84일이었다."

이 문장은 어떤 작품의 어느 부분에 있는 걸까? 이 문장은 작가가 노벨 문학상을 받은 작품에 수록되어 있다. 바로 어니스트 헤밍웨이(Ernest Hemingway)가 집필한 『노인과 바다』에 나오는 문장이다. 바다에서 낚시를 즐겼던 작가가 이 작품을 구상하는 데만 15년 이상을 썼다고 한다. 그리고 독자들의 마음을 사로잡기 위해 투고하기 전까지 300번을 넘게 고쳐 썼다고 한다. 분명 헤밍웨이는 이 한 문장을 날마다 곱씹어보고 작품의 어느 부분에 배치할지 고민을 거듭했을 것이다.

당신이라면 이 소중한 한 문장을 작품의 어느 부분에 배치하겠는가? 어디에 끼워 넣어야 독자들의 뇌리에 새겨지는 한 문장으로 남을 수 있을까?

『내가 사랑한 첫 문장』(MY)의 작가 윤성근은 방대한 독서 경험을 통해 작가들의 의도를 간파했다. 그는 유명한 작품들의 핵심 문장은 대부분 첫 문장에 있다고 한다. 모든 작품이 이 법칙에 해당되는 건 아니지만 놓여 있는 위치만 다를 뿐, 이 핵심 문장은 작품을 끌고 가는 중요한 단서가 된다. 그는 '이렇게 첫 시작을 떼면 다음은 어떻게 이어지는 걸까?' 하고 호기심을 일으키는 미스테리한 구절이 바로 핵심이 되는 한 문장일 가능성이 높다고 한다. 그러므로 특히 첫 문장을 스치듯 그냥 넘기지 말고, 그 안에 작가가 숨겨놓은 의도가 있지는 않은지 생각해보라고 제안한다. 동시에 위에 제시된 첫 문장을 작품 안에서만 해석하려 하지 말고 작가 헤밍웨이의 인생 전반과 연계시켜 해석하라고 조언한다. 당시에 헤밍웨이는 작가로서 승승장구하며 『강 건너 숲속으로』를 발표했지만 평론가와 독자들로부터 혹평을 받았다고 한다. 그는 마지막 날갯짓으로 작품 속의 노인에게 자신을 투영시킨 셈이다.

아웃풋 독서가는 작가 프로파일링 기법으로 작가가 처해 있던 상황과 독특한 경력이나 성향에 주목함으로써 작품에 대한 이해도를 높인다. 작가 프로파일링을 통해 파악한 고유한 특성들이 작품 속에서 인물의 직업, 성격, 상징적인 도구와 어떤 연관성을 갖고, 어떻게 주제 의식을 은근히 드러내고 강조하는지 밝혀낸다. 다시 말해 아웃풋 독서가는 작가의 집필 의도대로 작품을 수동적으로 수용하지 않는다. 그렇게 작가나 출판사의 상술에 휘둘리지 않고 자신만의 독서 자존을 지켜낸다. 작가의 숨겨진 의도에 적극적으로 개입함으로써 작가와의 심리전에서 우위를 점하는 일은 아웃풋 독서가의 미션이기도 하다.

04
책의 핵심 구절은
어디에 숨어 있을까

"책 전체 내용 중 핵심 부분은 몇 퍼센트를 차지할까요?"

책을 보다 넓고 깊게 이해하기 위해 작가 프로파일링과 제목, 목차, 서문에 대한 검토를 마쳤다는 건 책의 구조에 대해 어느 정도 파악이 끝났음을 의미한다.

그다음 단계는 무엇일까? 책의 본문을 지탱하고 있는 뼈대(구조)를 중심으로, 맛깔나고 영양이 풍부한 살(핵심 내용)을 발라낼 차례다. 소 한 마리를 잡아 핵심 부위의 고급 살을 발라내는 작업과 비슷하다. 아웃풋 독서가는 칼잡이다. 책의 전체 내용 중에서 핵심을 발라내는 '지적 칼잡이!'

주말에 가족들과 외식을 하기 위해 인터넷 검색을 하는 중에 '7%, 칠백식당'이라는 안내문과 마주쳤다. 그 식당에서는 한우의 7퍼센트에 해당하는 특수 부위인 꽃갈비살, 살치살, 안창살만 발라내어 제공한다고 한다. 엄선된 핵심 부위 7퍼센트를 판매한다는 의도를 은근히 풍기며 콘셉트 있는 식당으로 운영되고 있다(참고로 '칠백'은 태백산 700미터에서 자란 한우만 취급한다 해서 붙여진 이름이다).

텔레비전 방송에서도 영화의 내용을 압축해서 소개해주는 프로그램이 인기가 있다. 이런 프로그램은 친절하게도 영화의 줄거리와 작품성까지 요약해서 보여준다. 영화를 보지 않아도 마치 한 편을 다 본 듯한 느낌까지 들어 시간이 없어 영화를 못 보는 시청자들에게 편익을 제공한다.

한편 몇 년 전에 책의 내용을 5퍼센트로 압축해서 도서 요약본을 제공하는 서비스가 유행이었다. 5퍼센트의 기준은 출판사나 작가의 지적재산권이 침해되지 않는 범위로서 합의된 기준이다. 일반 독자들에게는 크게 인기를 끌지 못했지만 대학 도서관, 공공기관, 독서 경영을 하는 회사에서 주로 책 내용을 간단하게 소개하는 용도로 활용되고 있다.

그렇다면 일반 독자들에게 도서 요약 서비스가 시들해진 이유는 무엇일까? 도서 요약 서비스는 주로 객관적 사실 중심의 '정보'를 제공한다. 도서 요약 서비스의 기본적인 목적은 요약본을 읽은 후 해당 책을 볼지 말지 결정하는 데 있다. 그런데 이러한 정보 중심의 요약은 일반 독자들에게는 크게 매력적이지 않다. 오히려 그 책을 소개하는 사람의 감정과 책을 통해 얻은 생각의 변화 등이 드러날 때, 책에 끌리는 경우가 더 많다.

또한 책의 핵심을 추출할 때 주관적인 해석이 개입되므로 누가 요약하느냐에 따라 결과물이 달라질 수 있다는 점을 놓쳐서는 안 된다. 결국 책의 핵심을 추출하고 활용하는 문제는 오롯이 독자의 몫이다.

이 지점에서 책의 핵심을 파악하기 위한 지적 탐구가 본격적으로 시작된다. 독서법 전문가들은 보통 책 전체 내용 중 7~12퍼센트가 핵심 부분이라고 말한다.

실용서의 서술 구조와 가장 유사한 장르는 신문의 칼럼이다. 실용서는 보통 한 꼭지가 소주제를 담고 있으며, 칼럼과 유사한 구조로 서술된다. 한 예로 〈한국경제〉 신문의 [천자칼럼]을 통해 한 주제 아래 핵심 문장(밑줄 친 문장)은 전체의 7퍼센트 수준임을 확인할 수 있다.

〈한국경제〉 '[천자칼럼] 앨빈 토플러와 한경'[4] 핵심 문장 분석
* 칼럼 중 핵심 3문장

1. 시대적 예언자임에 틀림없다.
2. 토플러의 영향을 가장 많이 받은 국가는 한국이라 해도 과언
   이 아니다.
3. 토플러의 저서들은 이정표를 잃은 한국에 큰 방향을 제시했다.

〔칼럼 전문〕

앨빈 토플러가 대학 시절 기계수리와 용접공으로 5년간 일한 것은 잘 알려져 있지 않다. 육체노동에 의한 부의 창출보다 지식이나 정보에 의한 가치를 중시하던 그로선 아이러니다. 하지만 그가 몸소 체험한 노동의 중요성은 그의 저서 곳곳에 스며들어 있다. 토플러는 신문기자도 했고 〈포천〉이나 〈플레이보이〉 지에 글을 쓰기도 했다. 하지만 IBM과 제록스, AT&T 등에서 근무하면서 배운 지식이 그를 미래학자로 만드는 데 가장 큰 기여를 했다.

경제학자들은 그를 좋아하지 않았지만 그가 산업 현장을 보고 미래를 예측한 인사이트들은 시대를 이끌었다. 그가 예언한 유전자 복제나 PC, 프로슈머의 출현, 재택근무 등 모든 게 현실화되고 있다. 시대적 예언자임에 틀림없다.

특히 토플러를 좋아한 인물은 1980년대 중국의 개혁 개방을 이끌던 자오쯔양 공산당 총서기였다. 그는 토플러의 '제3의 물결'을 통해 중국의 경제개혁 프로그램을 만들려고 했다. 금서이던 이 책의 판매금지를 해제하기도 했다. 하지만 이런 그의 구상은 중국에선 먹혀들지 않았다.

오히려 토플러의 영향을 가장 많이 받은 국가는 한국이라 해도

---

4 〔천자칼럼〕 오춘호 논술위원, 앨빈 토플러와 한경', 〈한국경제〉, 2016. 07. 01

과언이 아니다. 한국은 산업화 물결의 정점이던 시대에 토플러를 만났다. 한국경제신문을 통해서였다. 1980년대부터 토플러는 세간에 알려지기 시작했지만 결정적 계기는 1989년 한국경제신문과의 인연이었다. 한경은 공식적인 저작권 계약을 통해 1989년에 『제3의 물결(The Third Wave)』과 『미래 쇼크(Future Shock)』를 내고 1991년 『권력이동(Power shift)』을 출간했다. 토플러의 대표작세 권이 모두 한경에서 나왔다. 특히 『권력이동』은 34만 4000부에 달하는 공전의 히트를 기록했다. 당시 사회과학 서적은 3만 부만 넘어도 출판계에서 화제가 되던 시절이었다. 외국에선 『제3의 물결』이 가장 많이 팔렸지만 한국에선 『권력이동』이 많이 판매됐다.

토플러의 저서들은 이정표를 잃은 한국에 큰 방향을 제시했다. 한경은 토플러를 초청해 대중 강연회를 열고 석학들과 대담을 벌이기도 했다. 그런 성과는 10년 뒤 한국에서 나타났다. 세계의 정보화, 제3의 물결을 리드해나가기 시작한 것이다. 토플러가 어제 87세로 별세했다. 토플러는 21세기 문맹이란 재학습할 수 없는 사람들을 가리키는 것이라 했다. 지금 우리 사회는 토플러가 말한 문맹국으로 회귀하는 것은 아닌지. 토플러의 혜안이 그리워진다.

* 68자(핵심 문장 글자 수) / 927자(총 글자 수) = 핵심 문장 비중 약 7%

칼럼의 핵심 세 문장이 놓인 위치에서 알 수 있듯이, 핵심 문장은 대부분 문단의 처음과 끝에 있다. 다시 말해 그 부문만 집중적으로 읽어도 80퍼센트 정도는 이해할 수 있는 것이다. 이는 구조적으로 문단의 처음과 끝에 핵심적인 문장이 배치된 책들을 읽을 때, 즉 실용서의 핵심을 추출하는 데 유효한 방법이다.

책의 장르나 종류에 따라 핵심을 찾아내는 방식은 달라질 수 있다. 거기에는 독자들의 주관적인 해석이 개입되기 때문에 정답은 따로 없다. 지금부터 여러 가지 핵심 추출 방식에 대해 알아보도록 하자.

첫째, 책의 핵심을 찾아 전달하는 방식으로, 이는 언론사에서 신간을 소개할 때 종종 이용된다. 『완주의 조건, 열정으로 갈아 신어라』(성림비즈북)는 신발 회사 대표가 사업 실패 후 재기한 성공 스토리를 담은 책이다. 기자는 본문 내용 중 핵심이 될 만한 구절을 찾아 다음과 같이 제시하고 있다. 이는 책의 핵심 내용을 주제문에 가까운 한 문장으로 표현하는 방식이다.

- "책의 핵심은 본문 중 '아무리 인생이 고달파도 결코 포기하거나 희망을 잃지 말라는 것'이라는 구절에 있다."[5]

---

5 '신발에 미친 사나이 권동칠 대표, 책 출간 화제', 글로벌 패션비즈니스 전문매거진 〈Fashionbiz〉, 2016. 09. 30

둘째, 주제문에 가까운 핵심 구절을 먼저 제시하고 부가적인 설명을 하는 방식이다. 에드워드 핼릿 카(Edward Hallett Carr)가 쓴 『역사란 무엇인가』(홍신문화사)의 핵심 내용을 기술하면 다음과 같다. 물론 핵심 내용은 독자의 관점에 따라 달라질 수 있다.

[핵심 구절]

역사는 과거와 현재의 끊임없는 대화다.

[부가 설명]

과거는 기록된 역사적 사실이다. 현재는 역사학자가 속한 시점이다. 과거의 객관적인 사실을 현재 역사가의 시선으로 주관적인 해석을 하는 과정이다.

셋째, 책의 핵심 내용을 세 문장으로 요약하는 방식이다. 세 문장으로 반드시 제한해야 하는 건 아니지만, 일반적으로 많이 활용하는 방식이다. 3가지나 3단계로 관심 이슈나 핵심 내용을 정리하는 유형은 출판 컨설팅 업체에서 이미 검증한 방식이기도 하다.

경영 도서 『핵심에 집중하라』(청림출판)는 글로벌 컨설팅 회사 베인앤컴퍼니(Bain & Company)가 제시하는 기업 성장의 법칙을 담은 책이다. 책 제목에서부터 주제나 중심 내용이 예상된다. 대기업의 문어

발식 확장을 경계하고 가장 잘할 수 있는 핵심 사업에 자원을 집중하라는 내용이다. 이처럼 제목에서 어느 정도 주제 의식(What)이 명확하게 드러나는 경우에는 어떻게(How)에 중점을 두고 3단계로 핵심을 정리하면 효과적이다. 여기서는 '핵심에 집중'하는 순서를 기술하면, 책의 큰 흐름을 파악할 수 있다.

> 1단계: 자기 회사의 핵심 사업을 정의하라
> 2단계: 자기 회사의 핵심 사업을 중심으로 인접 영역으로 확대하라
> 3단계: 급격한 환경 변화에 능동적으로 핵심 사업을 다시 정의하라

책을 읽다가 핵심 지식이라 생각되는 부분을 발견하면 책 여백이나 별도의 종이에 메모해두자. 책에 핵심적인 내용과 새로 발견한 개념들을 메모하면 작가의 생각에 휩쓸리지 않고 주도적으로 책의 내용을 파악할 수 있다. 작가와의 지적 스파링에서 자기 중심으로 게임을 이끌어가면서, 메모로 가점까지 얻게 되는 것이다.

하루만 지나도 핵심이라고 생각했던 부분들을 망각할 수 있다. 하지만 제목이나 목차와 연관된 핵심 내용들을 따로 정리해두면 기억에 저장된다. 다른 바쁜 일로 핵심 내용을 정리할 시간을 따로 내기 어려울 수도 있기 때문에 이렇게 읽으면서 메모하는 게 중요하다. 후

에 메모한 내용들을 염두에 두고 다시 본문을 읽으면 독서 속도가 두세 배 빨라진다. 기억 속에 남아 있는 핵심과 연관된 내용들이 자연스럽게 눈에 들어오기 때문이다.

지금까지 제시된 기법들을 참조하여, 현재 읽는 책을 대상으로 핵심 추출 방식의 기초를 연마하기 바란다. 아웃풋 독서의 본 게임에 진입한 독자들을 환영한다.

05
독서의 목적에 맞게
정보를 필터링하는 법

"생각하는 대로 살지 않으면, 사는 대로 생각하게 된다."

프랑스 감성 시인이자 지성의 거장 폴 발레리(Paul Valery)의 명언이다. 어려운 상황에서도 자신만의 신념과 용기를 잃지 않고 자신이세운 목표를 향해 달려가 꿈을 이룬 사람들의 스토리를 담은 책 제목이기도 하다. 필자는 이를 독서에 적용하여, 작가와 심리 게임을벌이는 아웃풋 독서가의 행동 수칙(the Code of Conduct)으로 제시하고자 한다.

"생각하는 대로 읽지 않으면, 읽는 대로 생각하게 된다."

하루에 오만가지 생각이 스쳐간다. 셀 수 없이 많은 생각의 자락에서 책을 읽겠다는 위대한 선택지를 건져 올린 건 우연이 아니다. 교수, 출판 관계자, 대형 서점 MD 등 독서가 자신의 직업과 직접적으로 연결되지 않은 일반인이 책을 집어 들었다는 것 자체가 일상의 기적이다. 무엇보다 독자의 위대한 선택에 경의를 표한다.

어느 누가 흥미진진한 스마트폰 동영상, 드라마의 3분 엔딩 장면, 영화관의 팝콘 냄새와 결정적인 장면에서 애인의 손에 살짝 손을 얹는 순간을 마다하겠는가? 어두워지는 장면을 놓칠세라 애인의 손을 살짝 잡아보는 짜릿한 느낌과 치킨집에서 목 넘김이 시원한 맥주와 마주했을 때의 유혹을 쉽게 떨쳐버릴 수 있겠는가? 그런데 그런 유희 대신 곰보빵 같은 퍽퍽한 독서를 택하다니, 당신은 활자 중독이거나 제정신이 아닐 수도 있다.

당신은 소중한 8시간(독서 시간)과 무려 100만 원(독서 비용)을 걸고, 무모하게 지식의 고수인 작가를 상대로 싸움을 걸었다. 그럼에도 책은 채 10분이 지나지 않아 지루함과 잠을 부르는 독특한 마법을 부린다. 인문학의 원전의 일부라도 품으려는 순간, 가슴이 답답해지고 머리를 쥐어뜯게 하는 (학계에 보고되지 않은) 심근경색 유발 효과도 있다.

거룩한 독서 행위를 폄하할 의도는 없다. 책을 읽으면 신경 물질이 나와 시냅스의 연결고리가 무한 확장되어 뇌의 회로가 바뀐다는 설명도 독서의 동기로서 의미가 있다. 그런데, 이런 건 너무 자주 들어서 식상하기까지 하다. 우리의 뇌는 때로 표현만 살짝 바꾼 반복적인 메시지를 거부한다. 적어도 필자의 뇌는 그렇다. 그렇다고 해서 독자들도 나와 똑같다고 일반화의 오류는 범하고 싶지 않다. 고상한 독서 의식과 지적 유희를 폄하할 의도는 없다.

그럼에도 불구하고, 때로 독서란 '돈 놓고 돈 먹기'다. 책값과 당신의 8시간 기준 휴가비에 해당하는 금액과 지인들과의 행복한 시간을 되팔아서 마련한 판돈을 걸고 작가와 벌이는 고도의 심리 게임이기 때문이다. 그러니, 독서를 통해 자신이 처한 문제를 해결하지 못하거나, 일상적인 클릭으로 얻을 수 있는 얄팍한 정보 쪼가리보다 더 고급 지식을 획득할 수 없다면 사실 별 의미가 없다. 독자로서 파이팅하며 작가와의 심리 게임에서 승리해야 하는 이유는 바로 여기에 있다.

시간은 때로 돈보다 더 가치 있다. 한정된 시간의 합으로 이루어진 인생을 놓고 보았을 때, 시간을 허비하는 독서는 분명 해로운 독서다. 아웃풋 독서가는 변신의 귀재답게 다시 고상 모드로 돌아가 독서라는 행위에서 자신만의 동기가 중요함을 역설해야 한다.

『목적이 이끄는 삶』(디모데)은 종교 서적이지만 일반인들에게도 인생의 방향 설정 및 재조정에 통찰을 준다. 눈치 빠른 독자는 벌써 이 책 제목에서 감을 잡았으리라 확신한다. 아웃풋 독서에서 추구하는 독서의 기본적인 방향은 분명한 목적이 이끄는 독서다. 독서는 단순히 취미가 아니라 작가와의 전쟁이다. 취미로 하는 독서를 폄하하려는 의도는 없다. 지적 유희를 즐기는 분들은 하던 대로 하면 된다. 하지만 한정된 시간에 고급 정보원인 작가의 핵심 지식을 획득하기 위해서는 명확한 독서 동기가 전제되어야 한다.

결론부터 말하자면 당신의 상황이 독서의 목적과 동기를 결정한다. 당신의 상황이 만들어낸 문제와 눈앞에 놓인 이슈들을 해결하고자 내놓은 질문 꾸러미들이 있어야만 독서의 속도도 빨라진다. 독서의 속도를 결정하는 건 '상황의 힘'이며, 상황에서 벌어진 문제 해결을 위해 도출한 '질문의 힘'에 기인한다.

필자는 경영진의 혁신 부문 스텝으로 일하면서 창조 경영을 어떻게 현업에 적용할 수 있을지에 관해 하루 만에 두 시간 분량의 특강 자료를 만들라는 지시를 받은 적이 있다. '창조 경영'이란 화두가 던져지고 다양한 사례들이 회자되었으나, 정작 '창조 경영'이라는 개념이 정립되지 않은 상황이었다.

'도대체 창조 경영이 뭐지?'

급박한 상황은 질문을 만들어내고, 질문은 독서의 목적과 동기를 강화시킨다. 우선 창조 경영에 대한 정의가 필요했다. 그래서 인터넷 검색과 신문 기사를 기초로 창조 경영에 대한 다양한 관점이나 사례 분석을 통해 가설적인 개념을 정립했다.

필자는 나름대로 창조 경영을 (직원들의 암묵지와 형식지가 포함된) '지식 경영'과 (외부 고객과 내부 고객인 직원을 중시하는) '감성 경영', 그리고 이 두 가지를 결합하고 융합하여 단기·중기 성과를 창출하고 장기적 비전을 실현하는 '통합의 리더십'으로 정의했다.

창조 경영 = 통합 리더십 × (지식 경영 + 감성 경영)

이렇게 창조 경영에 대한 가설적인 정의를 내리자, 발췌 독서를 위한 핵심 키워드들이 도출되었다. 그리하여 지식, 감성, 통합 리더십, 융합 등 핵심 키워드들과 관련된 책 15권을 빠른 속도로 넘기면서 연관 정보들을 탐색하기 시작했다.

창조 경영의 근간이 되는 지식 경영과 감성 경영의 공통점을 결합해보고, 차이가 나는 부분과 관련해서는 이를 융합할 수 있는 이론적인 근거가 있는지 확인했다. 동일한 현상에 대한 지식 경영과 감성 경영의 차이는 어디에서 발생하는지도 조사했다. 동시에 언뜻 대립되는 개념처럼 보이는 지식 경영과 감성 경영을 아우를 수 있는 리더십의 선례가 있는지도 찾아보았다. 15권의 책에서 이와 같은 내용을 검토하는 데 걸린 시간은 약 4시간이다. 마감 시간 효과와 강력한 독서 동기가 맞물려 독서 속도를 4배 이상 향상시킨 것이다(당시 필자는 독서법 강사로 활동했던 시기로, 실용서의 경우 1시간에 한 권의 책을 읽던 시절이다. 사실상 15권이면 15시간의 독서 시간이 필요했음에도 결국 4시간에 독파하는 기적을 일으켰다).

또한 각각의 책에서 나온 이론과 사례, 도표, 이미지, 관련 동영상 등을 검색 사이트에서 찾고 이를 파워포인트 프로그램에 정리하는 데도 4시간이 걸렸다. 단 하루 만에 창조 경영에 관한 두 시간 분량의 특강 자료가 완성되었고, 실제로 회사 워크숍에서 경영진의 비전 특강 자료로 활용되었다.

필자와 동일한 상황, 동일한 독서 능력, 동일한 독서 환경을 갖고 있지 않다 해도, 이처럼 상황이 만들어낸 문제 해결 의지는 곧 질문을 만든다. 그리고 그 질문에 대한 가설적인 정의는 해결 방향과 관련된 키워드를 도출한다. 그 키워드를 중심으로 연관 정보를 필터링하는 발췌 독서법은 독서 속도를 높임으로써 한정된 시간 내에 핵심 정보를 획득하는 미션을 가능하게 한다.

동시에 필자가 정의한 창조 경영을 독서라는 행위에 적용하면, 독서가 지향하는 목적 혹은 특정한 독서 분야가 될 수도 있다. 예를 들어 독자 개인의 입장에서 지식 경영은 주로 경영, 경제, 철학, 역사 등 이성적이고 이론적인 논리성 역량 개발을 목적으로 하는 분야다. 반면, 감성 경영은 주로 문학(시, 소설, 수필 등) 감정 교류가 중심이 된 감성 개발을 목적으로 하는 분야라 할 수 있다.

이 두 가지 분야를 아우르는 통합의 리더십은 각 시대별로 강조되었던 리더십의 유형을 참고하면 된다. 이는 다양한 리더십 이론과 사례가 담긴 책들을 섭렵하면 개발 가능하다. 이처럼 우리는 분명한 목적이 이끄는 독서를 통해 지식 생산자로 거듭날 수 있다.

06
어렵고 두꺼운 원전을
읽어내는 법

　최근 몇 년 사이, 보고 읽고 쓰는 행위를 동시에 해결할 수 있는 스마트폰의 보급으로 우리의 일상은 급격한 변화를 맞았다. 출퇴근 시간의 일상을 지배하는 스마트폰의 위력 앞에 지하철이나 버스에서 종이책을 들고 독서를 하는 사람은 거의 자취를 감추고 말았다. 스마트폰으로 전자책을 보는 사람마저 신기할 정도다. 그러나 스마트폰으로 방대한 정보를 접하면서도 그 깊이에 대해서 진지한 고민을 하는 사람은 잘 보이지 않는다.

　그런 와중에 바쁜 일상을 보내는 젊은 독자를 중심으로 『하루 10분 독서의 힘』(미다스북스)이라는 책이 인기를 끌기도 했다. 이 책은 일분일초를 다투며 바쁘게 살아가는 독자들의 상황에 맞게 하루 10분의 독서로도 삶을 바꿀 수 있다고 제안한다. 짧은 시간의 독서로도 책에서 삶의 지혜들을 길어 올릴 수 있다는 작가의 체험적인 호소가 독자들의 마음을 움직인다.

스마트폰에 2시간 이상을 쏟아붓는 상황에서도 사람들은 여전히 독서에 대한 욕구나 갈증을 갖고 있다. 인스턴트 음식 같은 단편적인 정보 외에 자신들의 인생에 도움이 될 만한 유용한 지식을 찾아 헤매는 것이다. 엄청난 정보의 바다에서 헤엄치면서도 내면의 갈증을 해소할 수 있는 생수 같은 책 말이다.

그런 독서 갈증 욕구에 시원한 소나기처럼 다가온 책이 바로 『지적 대화를 위한 넓고 얕은 지식』(한빛비즈)이다. 최근 몇 년간 극심한 불황을 겪고 있는 출판 시장에서 무려 수십만 부가 팔렸고, 이 책을 통해 무명 작가는 베스트셀러 작가의 반열에 올랐다. 저자는 다양하고 어려운 인문학의 기본 개념을 마치 떠먹기 좋은 요거트처럼 독자들의 입에 넣어주었다. 흥분한 독자들은 '넓고 얕아진 인문학의 신전 문턱'에서 왁자지껄하게 지적인 대화를 나누기 시작했다(넓고 얕은 지식으로 나누는 지적 대화의 수준까지는 암묵적으로 예외로 하는 분위기지만). 인문학 트렌드에 동참하지 않으면 시대에 뒤떨어지고 교양 없어 보일까 봐 불안한 걸까? 천천히 음미하며 삶에 양식이 되어줄 만한 지혜를 길어 올려야 할 인문학마저 표준화된 지식으로 흡수하려는 독서 세태가 씁쓸하다.

이런 상황에서 당장 스마트폰을 내려놓고 인문학 원전을 읽으라고 한다면 일반 독자들에게 어떤 일이 일어날까? 여기서부터 현실에 맞는 독서법에 대한 고민이 시작된다. '지적 대화를 위한 넓고 얕은 지식'을 넘어서서 원전에 가까워질 수 있는 그럴듯한 독서법 말이다. 다른 사람이 백과사전식으로 정리해놓은 표준화된 지식은 자신의 삶을 바꾸기에는 한계가 있다. 자신이 처한 상황을 해결해줄 지혜가 담긴 구절을 단 한 개라도 건져낼 수 있는 유용한 독서법이 필요하다. 동시에 인문학 책이 실용서보다 수준이 높고 유용하다는 일반적인 통론에 기대지 않는 균형 감각도 필요하다.

독서법에서 중요한 포인트는 마치 유행처럼 돌고 도는 실용 분야나 인문학 분야의 트렌드를 추종할지 말지 결정하는 문제가 아니다. 독서법에서 우선적으로 고려해야 할 요소는 '현재 내가 어떤 상황에 처해 있는가'를 잠시 멈춰 서서 생각하는 데 있다.

필자는 이 책을 쓰는 동안 독서법 책을 써야 하는 상황에 직면해 있었다. 이때 필요했던 책은 2016년 2월에 출간된 『미라클 모닝』(한빛비즈)이나 10년 전에 베스트셀러로 큰 이슈가 되었지만, 책장에 방치해 먼지가 쌓인 『아침형 인간』(한스미디어)이었다. 그렇다고 수많은 책을 읽고 한 권의 책을 집필해야 하는 상황에서 2권의 책을 처음부터 다시 읽는 고전적인 독서 방식은 적절하지 않다. 따라서 출근 전 2시간을 확보하기 위한 구체적인 실행 방안만 발췌하였다.

독자 여러분도 아침 시간을 잘 활용하는 방법에 대한 힌트를 얻고 싶을 때, 왜 아침형 인간이 되어야 하는지에 대한 서론을 굳이 처음부터 끝까지 다 읽을 필요는 없다. 『미라클 모닝』에서 저자가 실천한

항목 중 자신에게 필요한 부문만 취사선택하여 적용하면 그만이다. 현재 상황에 유용한 부분과 실천할 때 참고하면 좋을 만한 부분을 찾아내라. 그리고 이를 메모하거나 컴퓨터에 입력한 후 출력하여 책상 앞에 붙여놓고 실천하는 데 의미를 두어야 한다.

출근 후에 회사 생활을 하다 보면 연관 부서의 구성원이나 상사, 부하들과 대인 관계로 갈등을 겪기도 한다. 이럴 때도 책의 도움을 받을 수 있을까? 이런 상황에서도 상식적인 수준에서 자신에게 적합한 책을 찾는 센스를 발휘해야 한다. 일반적인 상식으로 데일 카네기의 『인간관계론』을 떠올릴 수 있다면 다행이다. 이 책에서는 상대방 입장에서 생각하는 역지사지의 태도와 상황별 응대 방법에 집중하면 된다. 자신의 문제를 해결하는 데 필요한 부분만 취사선택해서 본인의 상황에 맞게 적용하면 그만이다.

독서의 대상물을 반드시 종이책으로만 한정 지을 필요도 없다. 처한 상황에 따라, 필요한 정보의 경중에 따라 어디에서 정보를 훔쳐낼지 결정하면 된다. 책에서 훔쳐낼지, 스마트폰에서 건져낼지를 판단할 줄 아는 감각이 중요한 것이다. 어디에서 정보를 얻든 당신의 문제를 해결하는 적합한 정보를 추출해낼 수 있으면 그만이다.

이때 특별한 상황에 적합한 정보를 효과적으로 훔쳐내어 활용하는 스파이들의 기법을 응용하면 된다. 스파이들의 정보 판단, 취득 감각, 정부 추출 기법을, 책을 통해 유용한 지식을 추출하고 활용하는 데 적용해보는 것이다. 이때 스마트폰이나 책은 맥가이버의 칼처럼 정보 취득에 필요한 도구라고 이해하면 된다.

한편, 영화 속 스파이가 속전속결로 문제를 해결하는 장면이 연상되어 발췌 독서가 마치 실용서 중심의 속독법으로만 이루어진다고 오해할 수도 있다. 우리가 항상 기억해야 할 부분은 독서 기술이 아니라 '독자가 처한 상황'이다. 회사 생활 중 대인 관계로 인해 생긴 문제가 단순히 양 당사자 간의 커뮤니케이션 오류나 태도에서 비롯된 이슈를 넘어서는, 조직이라는 수준에서 풀어야 하는 큰 이슈일 수도 있다. 그런 경우에는 실천 항목 중심으로 기술된 실용서를 뛰어넘는, 훨씬 더 심오하고 깊이 있는 책을 선택해야 할 수도 있다. 예를 들어 인간의 본성을 깊게 탐구한 『이기적 유전자』(을유문화사)나 팀 단위를 뛰어넘어 조직 전체의 이슈를 가늠할 수 있는 불멸의 고전 『군주론』을 호출해야 하는 것이다.

물론 『군주론』을 며칠 만에 독파하여 조직의 갈등 이면에 도사린 이슈를 한 방에 찾아내기는 쉽지 않다. 이 책을 통해 최고 경영진의 리더십 스타일이 갑작스럽게 변화하여 하부 구성원들이 일시적으로 혼돈 상태에 빠졌다는 사실을 간파해내는 데는 분명 시간이 걸릴 것이다. 뿐만 아니라 짧은 시간 안에 계층별 간담회를 통해 조직의 화합을 도모해야 한다는 합리적인 가설을 수립하기도 쉽지 않다.

따라서 『군주론』의 핵심을 훔쳐내기 위해서는 절대적인 시간을 확보해야 한다. 스파이의 행동 양식은 속전속결의 이미지가 강하지만 상황에 따라 며칠씩 잠복할 수도 있다. 스파이 또한 상황에 따라 고정 간첩처럼 상당한 시간을 들여서 지속적으로 정보를 훔쳐내기도 한다는 사실을 기억하기 바란다.

다만 보다 깊이 있는 지식을 탐구하기 위해서는 무턱대고 원전에 덤비는 우를 범하지 말아야 한다. 원전에는 단계적인 접근이 필요하다. 아웃풋 독서에 굳이 '독서 전략'이라는 그럴듯한 명칭을 부여하는 데는 이유가 있다.

독서 전략은 우리가 원전을 이해하고 활용한다는 목표를 달성하기 위해 주변의 자원들을 적절하게 이용하는 데 의의가 있다. 먼저 『군주론』을 상상했을 때 예상되는 점을 글로 적어보는 과정이 필요하다. 책의 내용이나 주제에 대해 막연하게 추측해보거나 상상해보는 것이다. 그런 다음에 『군주론』에 대한 전문가로 알려진 사람들의 해설서를 참조하면 된다.

다만, 여기에서 주의해야 할 점은 당신이 나름대로 예상했던 주제와 내용이 전문가의 해설 내용과 어떻게 다른지에 주목해야 한다는 것이다. 그리고 그 차이점을 어딘가에 정리해서 글로 남겨야 한다. 그러지 않으면 방대한 '인문 고전의 숲'에서 길을 잃어버릴 수도 있다.

이렇게 대강의 흐름과 내용을 파악했다면, 이제 원전을 읽어가면서 자신에게 필요한 부분을 취사선택하라. 고전의 중요한 특성은 작가가 숨겨놓은 핵심들이 책 전반에 퍼져 있다는 점이다. 저자의 주장이 긴 호흡에 걸쳐서 결론을 유도해내는 경우가 많아 속전속결의 방식은 적합하지 않다.

정보의 홍수에 대응하기 위한 독서법에 있어 중요한 쟁점은 장르의 문제도 아니고 속독이냐 정독이냐 하는 이분법적인 기술의 문제도 아니다. 독서의 대상을 반드시 종이책으로 한정 지을 필요도 없다. 핵심은 독자가 처한 상황에서 문제나 이슈를 해결하는 데 적합한 정보를 어디서 어떻게 효과적으로 추출해서 활용하느냐에 있다. 정보의 대상물에 대한 이해와 활용을 위해서는 책뿐 아니라 스마트폰의 지식도 활용할 줄 알아야 한다. '지적 대화를 위한 넓고 얕은 지식'이 자신의 문제 해결에 도움이 된다면 다행이다. 하지만 날로 복잡해지고 다양성을 추구하는 현 시대에서는 보다 고차원적인 문제를 해결할 고급 정보나 지식, 지혜도 훔쳐낼 줄 알아야 한다. 그래야 길을 잃지 않는다. 스파이들의 정보 취득과 활용법을 접목한 독서 전략에 익숙해지기를 감히 제안한다.

07
핵심 포인트를
나만의 방식으로 정리하라

"잘 먹고 잘 싸는 게 최고야."

혹시 '잘 사는 게' 아닌가라고 생각할 수도 있겠지만, 이건 오타가 아니라 건강 서적의 제목이다. 음식을 잘 소화시키고, 제때 배출해야 행복하게 살 수 있다는 말이다. 책에서 먹은 지식 또한 잘 소화시켜 제때 글로 잘 싸내야(?) 정신이 맑아지고, 사고력도 향상된다.

생물 시간에 배운, 암수가 한 몸을 이루는 자웅동체처럼 읽기와 쓰기는 본래 한 몸이었다. 그러나 우리는 학교에 다니면서 읽기와 쓰기를 분리하기 시작했고, 성인이 되어서는 주로 독자로서 책을 읽는 입장에만 서게 되었다. 한국출판마케팅 연구소 한기호 소장은 '읽기와 쓰기가 한 몸이라는 내용을 강조하여 블로그에 다음과 같이 포스팅한 바 있다.

● "나가세 하지메는 『독서 혹은 읽기와 쓰기』에서 '읽기는 쓰기에 의해 담보되고, 쓰기는 읽기 또는 읽혀지는 것에 의해 뒷받침된다. 달리 말해 읽기는 단독으로는 존립할 수 있는 게 아니라 항상 쓰기와 관계하여 성립하는 것'이라며 읽기와 쓰기는 유기적으로 결합한 순환적인 활동이라고 정리했다."

– 한기호 소장 블로그[6] 중

아웃풋 독서는 책을 읽고 흔적을 남김으로써 본연의 모습으로 복귀하는 것을 기본 목표로 한다. 독서를 통해 추출한 새로운 정보나 지식, 감동, 깨달음, 독서 중에 떠오른 아이디어나 생각 등을 정리해야 비로소 내 것이 된다. 책을 읽고 나서 자신의 느낀 점이나 생각을 정리하는 방식은 '독후감'이나 '서평'으로 귀결된다. 그러나 독후감과 관련해서는 학창 시절 방학 숙제나 수업 과제로 반강제적으로 제출했던 기억이 있어서 그런지 선뜻 권하기가 망설여진다. 우리에게 독후감에 대한 추억은 독서에 대한 기억만큼이나 아름답지 않다.

요즘은 일반 독자들이 블로그의 일상 코너에 서평을 올리거나 파워 블로거가 전문적으로 서평을 올리기도 한다. 문화센터에 서평 쓰기 전문 과정이 있을 정도로 서평 쓰기에 대한 관심이 많다. 출판사의 제안을 받아 몇 년 동안 차곡차곡 써놓은 서평으로 책을 낸 사례

---

6 [한기호 소장 블로그] http://blog.naver.com/khhan21

도 있다. 『로쟈의 인문학 서재』(산책자)가 10년 이상 블로그에 남긴 인문학 서평의 일부를 발췌하여 출판한 대표적인 경우다.

단, 남들이 다 하는 방식보다는 창의적인 방식으로 서평을 써볼 것을 제안한다. 여기서 필자는 소중한 지인들에게 편지를 쓰는 고전적인 방식으로 감성을 자극하는 블로거 '보통엄마'의 창의적인 서평 사례를 소개하고자 한다. 누구나 따라 할 수 있는 방식이지만, '보통엄마'의 소울은 모방하기 힘들다. 아래 전문 내용 중 일부를 공개한다.

● "『아픔 공부』 너무 잘 읽고 있습니다. 책을 읽다가 문득 편지를 써야겠다고 생각했습니다. 비록 느리게 책을 읽지만 제 마음을 표현하기 위해서 서평을 편지 형태로 씁니다. 정말 한 꼭지 꼭지마다 줄 칠 곳이 많아서 행복했습니다. 마침 돌아가신 아버지가 곁에서 본인의 인생 경험담을 나지막하게 속삭이는 것 같았습니다. '오직 텍스트' 문자만으로도 감동을 줄 수 있다는 사실이 놀랍기만 합니다. 특히, '성공보다 성장하라'는 말씀에 심장이 뜨거워졌습니다. '삶은 그 자체가 행복이다'라는 말을 되새기면서 행복을 선택할게요. 미래의 행복을 위해서가 아니라 지금 행복을 위해서 성장을 하겠습니다."

– 보통엄마 네이버 블로그[7] 중

---

7 (보통엄마 네이버 블로그) http://blog.naver.com/kissme23

비록 느리게 책을 읽지만 자신의 마음을 표현하기 위해 편지를 쓴다는 '보통엄마'의 감수성과 창의적인 발상에 필자는 '아하! 체험'을 했다. '편지 서평'에 마음이 움직였다면, 그녀에게 '서로 이웃'을 신청하여 자신의 서평 쓰기 방식과 비교해보라.

작은 차이를 보는 연습을 꾸준히 하다 보면 눈에 보이는 현상 뒤에 숨겨진 본질을 꿰뚫는 안목이 생긴다. 동시에 남들과 다르게 생각할 수 있는 관점과 능력, 창의력이 향상된다. 독서 후에 행하는 창의적인 글쓰기는 동일한 현상이나 사물을 다르게 바라보고 자신만의 독특한 경험이나 지식을 엮어내는 과정이다. 같은 작품을 읽고서도 사람마다 감동받은 구절이 다르고, 느낌도 다르다. 책을 읽고 나서 하게 되는 결심과 깨달음을 인생에 적용하는 방법도 다르다. 작품이 작가의 손을 떠난 순간, 더 이상 그 작품은 작가만의 것이 아니다. 그 작품이 각기 다른 독자들을 만나 저마다의 사연에 따라 서로 다른 경험들과 맞물려 재해석되면서 비로소 하나의 작품으로 완성되어간다. 당신도 평범해 보이는 자신만의 스토리를 재료로 남들과 다른 작품을 써내어 세상에 내놓을 수 있는 가능성의 근거가 여기에 있다.

독서 후 블로그에 감성적인 글로 서평의 흔적을 남기면, 서평을 읽는 사람들에게 잔잔한 감동을 준다. 블로거들이 쓴 서평 중에는 사서 읽고 싶을 만큼 울림을 주는 경우도 많다. '보통엄마'의 편지 서평은 평범해 보일지 모르지만, 독자들에게 선사하는 행운의 열쇠다. '읽기와 쓰기는 한 몸'이라는 암호를 해독할 수 있는 단서가 되기도 한다. 지금 당신이 편지 서평을 쓰는 순간, 읽기와 쓰기는 하나라는 막연한 말이 손에 잡히는 하나의 사실로 다가올 것이다.

블로그에 평범한 사람들이 쓰는 감성적인 서평 외에도 나름 글쓰기 전문가들이 논리적으로 작성한 서평을 읽음으로써 생각의 지평을 넓혀갈 수 있다. 주요 4대 일간지나 경제 신문의 신간 섹션의 서평을 참고하면 유익하다. 기자들은 서평을 쓸 때 기본적으로 객관적인 태도와 어조를 유지한다. 그리고 책의 핵심 내용에 대한 소개와 함께 기자 본인의 관점으로 책에 대한 평가를 내린다.

기자들이 독서 후 신간에서 뽑아낸 핵심 내용과 더불어 기자가 책을 해석하는 방법도 볼 수 있어야 한다. 기자들이 추천한 책이 자신의 상황에 적합하다면 읽고 난 후 기자의 서평과 일반 독자의 서평을 반드시 비교해보는 게 좋다. 궁극적으로 자신만의 책을 쓰기 위해서는 어떤 책에 대한 나의 의견이 보편타당한지 점검해보는 과정이 필요하다. 다른 작가의 책을 통해 드러난 객관적인 사실과 자신의 주관적인 생각을 적절하게 융합해야 독자들에게 어필할 수 있기 때문이다.

책을 읽은 후 핵심을 뽑아 정리하는 과정을 잘해내기 위해서는 서평 전문가들의 글을 꾸준히 보는 게 효과적이다. 아웃풋 독서의 기본 목표는 책을 맛있게 먹고 잘 소화시켜 나만의 글로 '잘 싸는' 데 있음을 다시 한번 상기하기 바란다.

한편, 책을 읽고 파워포인트로 핵심 내용을 요약하여 회사 업무나 개인의 삶에 적용해보는 것도 유익하다. 여기에 정답은 없다. 자신이 처한 상황에 유리한 방식을 선택하면 된다.

파워포인트의 특성상 짧은 문장 형태로 뽑아낸 핵심 문장을 배치하고, 적용 포인트를 정리해내는 데 효과적이다. 보통 한 페이지로 작성하지만 뽑아낸 내용의 양에 따라 2~3쪽으로 늘어날 수도 있다. A4 용지를 가로가 길게 뉘었을 때 대략 반으로 나누어 왼쪽 면에는 책의 핵심 내용을 정리하고, 오른쪽 면에는 회사 업무나 개인의 삶에 적용할 수 있는 포인트를 작성하는 게 일반적이다. 혹은 책의 핵심 문장을 적고 바로 그 아래 핵심 문장과 연관되어 떠오르는 아이디어나 현업에 적용할 수 있는 포인트를 배치하기도 한다.

아웃풋 독서는 기본적으로 '목적이 이끄는 독서'를 지향한다. 독서의 목적과 동기는 사람마다 천차만별이다. 하지만 독서 후 활동에 있어 기본적인 목표는 하나다. 독서 후에는 모두 자신만의 흔적을 남겨야 한다(물론 누구나 서평 쓰기 과정을 이수해서 반드시 파워 블로거가 될 필요는 없다).

당신의 간단한 서평을 읽고도 누군가는 눈물을 흘릴 수도 있고, 미처 알지 못했던 인생의 책과 만나는 행운을 손에 쥘 수도 있다. 지금 이 순간 당신의 심금을 울리는 작가의 작품에 대한 편지 서평을 써보라. 저자 당신이 내게 보낸 책 편지가 나를 울리고, 나를 세우고, 나를 글쓰기의 세계로 초대했노라고! 책을 읽은 후 작은 흔적이라도 남기는 순간, 당신은 이미 작가다!

08

자기주도적 독서로
나만의 콘셉트를 찾아라

"작가는 독자의 고급 정보원(情報員)이다. 책은 독자의 고급 정보원
(情報原)이다."

『부의 미래』(청림출판)의 저자 앨빈 토플러를 위시한 많은 미래학자
가 4차 산업혁명 시대를 지식기반 중심의 사회로 규정하고 있다. 그
들은 기업의 생산성을 좌우하는 요소 중 토지나 자본보다 차별화된
'지식'이 이 시대의 핵심이라고 주장한다. 토지나 자본이 주어진 하
드웨어인 반면에 지식은 생산자가 창출해내는 소프트웨어다. 지식이
라는 소프트웨어도 중요하지만, 그 어느 때보다도 지식을 창출하는
주체인 '사람'에 대한 관심이 커지고 있다. 소위 창의적인 인재에 대한
중요성이 강조되고 있는 것이다.

그 배경에는 정보 기술 발달로 인해 글로벌화가 정점에 이르면서

경쟁의 공간이 국내에서 전 세계로 급속하게 확대된 '상황의 힘'이 작용한다. 온 세계가 하나라는 느낌이 들 정도로 공간적으로 가까워졌으며, 거의 실시간으로 변화의 속도가 감지되고 있다. 사람의 명령에 따라 움직이던 컴퓨터가 스스로 학습할 수 있게 된, 인공지능의 등장은 큰 위협으로 다가온다. 인간만이 할 수 있었던 창의적인 지식 생산의 영역에 인공지능이 침투하기 시작한 것이다. 인공지능은 바둑을 두면서 프로 기사들의 몇 수를 앞서가고, 작곡도 하고, 소설도 쓰고, 신문 기사까지 작성하기에 이르렀다.

이제부터는 단순히 책을 읽고 작가의 지식을 흡수하는 수동적인 자세를 버리지 않으면 인공지능 컴퓨터에게 밥그릇을 빼앗길 수도 있다. 4차 산업혁명 시대에는 지식을 가공하여 새로운 것을 창출하는 창조적 지식 생산자로 거듭나야 생존이 가능하다.

자기주도적 독서가에게 가장 중요한 덕목은 작가를 이기고야 말겠다는 강한 신념이다. 작가를 이겨야 핵심 지식을 훔칠 수 있고, 작가의 어깨를 넘어설 수 있기 때문이다. "책의 권위에 눌리지 마라"는 책도끼('책은 도끼다'라는 뜻) 선생의 명언을 결코 망각하지 마라. '작가는 독자의 고급 정보원'이라는 발상의 전환을 통해 창의적인 지식 생산자로 거듭날 수 있는 가능성이 열리기 시작한다.

책을 사는 순간, 당신은 작가를 자신만의 고급 정보 요원으로 채용한 셈이다. 독서를 할 때 수동적인 입장에서 작가의 메시지를 일방적으로 흡수하지 마라. 책을 구매한 고객인 당신이 보다 높은 입장에서 작가로부터 책의 내용을 보고받는다고 생각하라(그렇다고 작가를 인격적으로 하대하라는 의미는 아니니 오해 마시라).

작가는 자신이 전달하고자 하는 메시지를 뒷받침할 다양한 사례와 체험담을 독자들에게 설명하거나 보고하는 담당자다. 독자는 보고를 받는 입장이 되어 작가의 설명이나 보고에 허점이 없는지 점검하고 의견을 제시하면 된다. 작가의 논지에 일관성이 있는지, 작가가 제기한 주장이 편향적이거나 거기에 일반화의 오류는 없는지 체크해보는 것이다.

그런 과정을 통해 '내가 작가라면 이런 표현을 사용했을 것 같은데'라든지, '저 주장에는 다른 사례가 더 적절할 것 같은데' 하면서 작가와 다르게 생각하는 연습을 꾸준히 하라. 독서 중에 다른 대안이나 개선 아이디어가 떠오르면 그때마다 자신만이 알아볼 수 있는 방식으로 메모하라.

작가와 다르게 생각하는 연습을 계속해서 하다 보면 자신만의 논리 구조를 자연스럽게 구축할 수 있다. 작가와 다르게 생각한 내용과 자신의 스토리를 결합하면 그것이 나만의 콘텐츠가 되고 이를 책으로 세상에 내놓음으로써 창의적인 지식 생산자로 새롭게 태어날 수 있다.

따라서 자신만의 콘셉트를 만드는 수단으로 독서를 활용하는 방법을 체득해야 한다. 개인적으로든 조직 내에서든 새로운 콘셉트를 만드는 힘은 필수적인 역량이다. 차별화된 콘셉트를 도출하기 위해 독서를 활용하는 방법을 익히려면 '절차의 힘'이 필요하다. 동시에 필자를 포함한 평범한 사람들이 창의적인 지식 생산가로 발돋움하기 위해서는 '반복의 힘'에 의지해야 한다.

창의적인 지식 생산가로 변신하고자 하는 목표를 이루기 위해서는 합리적인 계획과 순서에 따라 지속적으로 실행해야 한다. 자신의 관심 분야나 특정 주제를 중심으로 꼬리에 꼬리를 무는 '연쇄적 지식 축적법'을 연마해야 한다.

그 대안으로 아웃풋 독서의 특훈, '프로세스 독서법'을 활용하라. 책의 선택에서 읽고, 정리하고, 활용하는 일련의 과정을 계속해서 반복함으로써 지식 경영의 효율성을 높이는 방식이다. 우선 연간·월간·주간 단위로 자신의 독서 목표량을 정하고, 자신의 일정표에 일주일에 읽어야 할 책 제목을 적어 넣어라.

여기서 중요한 포인트는 주간 단위에서 월간 단위로 이어지는 책들이 일관성이 있어야 한다는 점이다. 연쇄적인 책 읽기를 통해 자신이 얻고자 하는 바를 구체화하기 위해서는 관심 분야나 주제를 '연속으로 좁히는' 과정이 필요하다. 자기 계발 분야의 책을 대충 선택해서 읽다가 라면 받침대로 쓰던 습관을 버려야 한다.

예를 들어 막연한 이론 중심의 '성공학'이라는 큰 주제는 곤란하다. 이 주제를 '맞벌이 주부의 성공적인 삶'으로 좁힐 필요가 있다. 여기서 '맞벌이 주부의 자기 관리'로 한 단계 좁히면 더 좋다. 여기서 더 좁힐 수 있을까? 물론이다. '맞벌이 주부의 시간 관리', 어떠한가? 여기서 끝이 아니다. 더 세분화해서 '맞벌이 주부의 유일한 여유 시간 활용법'으로 좁힐 수도 있다. 그러고서 거기에 적합한 책을 선택하고 매주 읽어나가야 한다. 책을 읽으면서 자신에게 적용할 수 있는 중요한 포인트를 메모하고, 편지 서평도 써본다. 이렇게 어느 정도 글쓰기에 자신감이 생기면 블로그에 자신만의 서평을 올려보자.

일련의 과정을 통해 '가족이 잠든 후 기적을 일으키는 맞벌이 주부의 시간 관리'로 자신만의 콘셉트를 도출할 수 있으면 진정한 아웃풋 독서가로서의 자격을 갖춘 셈이다. 하지만 여기서 끝이 아니다. 지금까지는 창의적인 지식 생산가로서 첫 단추를 꿰었을 뿐이다. '가족이 잠든 후 기적을 일으키는 맞벌이 주부의 시간 관리'를 한마디로 어떻게 표현할 수 있는지 브레인스토밍을 시도하라.

제목의 힘으로 50만 부 이상을 팔아 해치운 『아침형 인간』에 대비되는 『저녁형 인간』은 어떤가? 너무 식상한가? 아침 시간의 중요성을 강조한 『미라클 모닝』에 대비되는 『미라클 나이트』는 어떤가? 이렇게 계속해서 현존하는 책과 대비되는 제목을 생각해보라.

아웃풋 독서의 단기 특훈, 즉 책을 활용하여 자신만의 콘셉트를 도출하는 방법에 관한 연습은 일단 여기까지다. 자신만의 콘셉트를 구체화하여 집필까지 이르는 전 과정은 마지막 5장에서 공개하도록 하겠다.

독자에서 저자로 거듭나기 위해서는 글 쓰는 능력이 필수다. 꾸준히 글 쓰는 습관을 들여 글쓰기 능력을 연마함과 동시에 글쓰기나 책 쓰기 코치를 활용하여 쓰기의 핵심을 전수받는 것도 좋은 방법이다.

먼저 우선 편지 서평처럼 자신의 느낌과 감정을 공유하는 글쓰기부터 시작하라. 이와 함께 전문가 수준의 서평을 쓰기 위해 서평 쓰기 관련 책을 보거나 강좌를 수강하는 방법도 나쁘지 않다. 서평의 기본적인 목적은 책의 핵심 내용을 소개하는 데 있다. 하지만 단순히 책의 내용을 소개하는 정보 요약으로는 출발점에 계속 머무를 수밖에 없다.

필자의 주변에는 책에 대한 요약은 기가 막히게 하면서도, 정작 책에 대한 평가를 망설이거나 작가의 주장에 대한 반박 의견을 내는데 겁을 내는 분들이 종종 있다. 자신의 이름으로 책을 출판하고 싶은 욕구가 강해 1,000권을 넓게 읽었음에도 결국 해내지 못하는 안타까운 사연들 또한 종종 접하곤 한다. 따라서 서평에는 반드시 정보 요약 외에 자신의 주관적인 평가를 포함시켜야 의미가 있다.

서평을 써서 글쓰기 실력을 향상시키기 위해서는 우선 책의 핵심 내용과 작가가 전달하고자 하는 주된 메시지를 발견해야 한다. 동시에 자신은 작가의 주장에 동의하는지, 아니면 어떤 근거로 작가의 의견과 자신의 의견이 다른지 자기만의 논리와 함께 적합한 사례를 들이대야 한다. 그래야 나중에 100페이지(A4 용지 기준)에 달하는 책한 권의 원고를 써낼 수 있는 기초 체력을 기를 수 있다.

글쓰기 초보가 100쪽에 달하는 원고를 써내는 일은 때로 산고(産

故)의 고통처럼 비쳐질 수 있다. 필자는 2007년에 독서법 책을 출판사와 덜컥 계약하였다. 당시 목차도 제대로 준비하지 않은 상태에서 책을 집필하여 매우 힘겨웠던 기억이 난다.

두 번째 독서법 책을 준비할 때는 콘셉트와 제목을 이미 갖고 있었다. 그럼에도 책의 설계도인 목차의 중요성을 다시 한번 실감해야 했다. 이런 경우 제대로 된 책 쓰기 코치를 만나면 혼자 몸살을 견디며 책을 써내는 해산의 고통을 줄일 수 있다. 물론 코치가 책을 써내는 해산의 과정을 안내하는 산파의 역할을 제대로 해내는 실력가라는 점을 전제로 한다.

필자는 당시 고가의 과정을 운영하는 코치를 만나서 독서법에 대한 책을 쓰면 좋겠다는 상식적인 피드백을 받았다. 또, 필자가 직접 목차를 작성해 갔는데, 좀 더 간결하게 쓰면 좋겠다는, 말 그대로 간결한 코칭(?)을 받았다. 그 대가로 기본 월급 정도를 투자했다. 자본주의 사회에서 가성비 이야기는 식상할 수 있으니 논외로 하겠다. 다만 필자처럼 불필요한 시행착오를 겪지 않았으면 하는 바람이다.

책 쓰기가 해산의 고통처럼 두려운 독자들을 위해 산파의 역할을 제대로 해줄 수 있는 책 쓰기 코치의 선정 기준을 제시한다. 먼저 코치가 확신에 찬 목소리로 '책 한 권을 쓰면 성공해서 큰돈을 벌 수 있다'고 주장한다면 반드시 조심하라. 단박에 베스트셀러를 내서 돈방석에 앉은 사람은 거의 없다. 필자는 지금까지 그런 사례를 보지 못했다. 다음으로 코치가 자신의 삶이 투영된 진솔한 글쓰기를 계속

하고 있는지 점검하라. 즉, 진정성에 주목하기 바란다. 마지막으로 수강생 눈높이에 맞춰 손에 잡히는 결과물을 제공하는지 점검하라.

예를 들어 초보 작가의 경우 대략 쓰고 싶은 주제나 제목은 있는데 목차를 잡지 못해 헤매다가 시간을 보내는 일이 허다하다. 이런 초보 수강생의 고충을 미리 알아차려 '예비 목차'를 제공하는지 살펴보라. 수강생이 나머지 부분을 채워갈 수 있도록 세심하게 코칭을 하는지도 주목해야 한다.

지금까지 책의 소비자에서 책의 생산자로 발돋움할 수 있는 현실적인 단기 특별 훈련을 실시하였다. 독자들은 이를 통해 아웃풋 독서가의 중급 자격을 획득하였다. 이후 독자에서 벗어나 작가로 거듭나는 새로운 관문으로 여러분을 초대한다. 마지막 여정까지, 파이팅!

2부

책 쓰기로 이어지지 않는
책 읽기는
반쪽짜리 독서다

4장

책 쓰기
근육을
키워줄
기초 트레이닝

01
스티브 잡스가 되어 말하다, '작가란 무엇인가'

● "여러분의 시간은 한정되어 있다. 타인의 삶을 사느라, 당신의 삶을 낭
비하지 말라. 당신 마음의 움직임과 직관을 따를 용기를 가져라. 항상
갈망하며, 항상 우직하게."

– 스티브 잡스

혁신의 아이콘인 전 애플 최고경영자 스티브 잡스가 스탠포드 대
학교 졸업식 축사에서 남긴 마지막 유언 같은 한마디다. 그는 인간만
이 소유할 수 있는 합리적인 감각, 직관의 중요성을 늘 강조하였다.
잡스는 신제품 출시를 위해 남들이 다 하는 소비자 니즈 탐색이나 선
호도 조사를 따로 하지 않았다. 고객들이 애플이 만든 신제품을 사
용하면서 고객들 스스로 무엇을 원했는지 깨닫게 한다는 원리를 고

수했다. 제품 기능 이전에 사람의 본성에 중점을 둔 인문학적 통찰력을 바탕으로 신제품을 기획하고 출시하여 전 세계인들의 주목을 받았다.

아무도 생각하지 못한 획기적인 제품을 창조해낼 수 있었던 통찰력의 근원은 무엇이었을까? 아웃풋 독서가도 궁극적으로 자신만의 차별화된 작품을 창조해야 하는 입장에 놓여 있기 때문에 통찰력의 근원을 탐색하는 일이 유익한 작업이 되리라 확신한다.

● "여기 미치광이들이 있다. 사회에 적응이 힘든 이들, 반항아들, 문제아들, 기존 틀에서 벗어난 사람들, 색다른 관점을 지닌 사람들. 그들은 관습을 좋아하지 않으며 현상 유지에는 관심조차 없다. 그들의 의견을 인용할 수 있고, 의견이 다를 수 있고, 존경하며, 비판할 수도 있다. 그들이 세상을 변화시키기 때문에 결코 그들을 무시할 수는 없다. 그들은 인류 문명을 진보시킨다. 미치광이처럼 보일지 모르지만 그들에게서 천재성을 엿볼 수 있다. 세상을 바꿀 수 있다고 확신하는 완전히 미친 사람들이 세상을 변화시킬 수 있다."

*관련 인물: 알버트 아인슈타인, 밥 딜런, 마틴 루터 킹 주니어, 리차드 브랜슨, 존 레넌[오노 요코와 함께], 벅 민스터 풀러, 토마스 에디슨, 무하마드 알리, 테드 터너, 마리아 칼라스, 마하트마 간디, 아멜리아 이어 하트, 알프레드 히치콕, (개구리 커미트를 창조한) 짐 헨슨, 프랭크 로이드 라이트, 파블로 피카소

왼쪽의 인용구는 스티브 잡스가 1997년 애플의 CEO로 복귀한 후 마케팅 전략을 바꾸고 첫 번째로 직접 관여해서 만든 광고 캠페인의 내레이션 및 광고 화면에 흘러가는 인물들을 정리한 것이다. 스티브 잡스는 이 인물들을 거의 숭배하다시피 했고, 자신의 집에 이 인물들의 흑백 포스터를 걸어놓기도 했다.

스티브 잡스가 존경한 인물들은 대부분 자신의 분야에서 튀었다는 공통점이 있으며 시대를 앞서가면서 기존 관습들을 타파하는 파격적인 행보를 보여주었다. 그는 이 광고로 잊혀갔던 애플 브랜드를 다시 살려냈고, 대중들의 뇌리에 애플의 정체성을 다시 박아놓았다.

스티브 잡스의 혁신에 밑거름이 된 제품 창조의 밑거름이 된 그의 철학이 담긴 어록들과 광고에 등장한 인물들의 연관성을 살펴봄으로써, 창의적인 지식 생산가로서의 조건을 발견해보자. 아웃풋 독서가로 거듭나기 위해 먼저 스티브 잡스를 호출하여 그의 고견을 들어보기로 하자(생생한 목소리를 전달하기 위해 스티브 잡스의 화법으로 전환하여 작성해보았다).

여러분이 기존 다른 작가들을 이기는 차별화된 작품을 창조하기 위해서는 이 한마디를 마음에 새기라.

'Think Different(다르게 생각하라).'

사물이나 현상을 다르게 보는 생각의 힘으로부터 창작이 시작된다. 나는 이를 '직관의 힘'이라 부른다. 직관의 힘으로 고객들이 원하는 제품을 예상하고, 실제 그들이 제품을 사용하는 장면을 마음속에 생생하게 그려본 후에야 신제품을 만들기 시작했다.

마찬가지로 아웃풋 독서를 지망하는 그대도 당신이 출간할 책을 감동적으로 읽고 있는 독자의 모습을 상상하라. 그대가 날마다 겪고 있는 일상적인 일들을 다른 관점에서 해석하라. 당신이 발견하고 찾아낸 소중한 의미를 기록한 글들을 차곡차곡 쌓아가라.

손 글씨로 흰 종이에 쓰면 뇌가 활성화되어 창작의 기쁨이 배가 된다. 따분하고 무료한 리드 대학 시절, 나는 서체에 공을 들인 적이 있다. 그 작업이 맥 컴퓨터를 만들 때, 내 창의성에 불을 지펴준 계기가 되었음을 나중에 깨닫게 되었다.

"도대체 어떻게 다른 관점을 가질 수 있나요?"라고 속삭이는 당신을 위해 한 편의 시를 선물한다. 나는 생각이 막힐 때마다 윌리엄 블레이크와 더불어 여러 시인들의 시 한 줄에서 답을 찾았다. 한 줄의 시나 한 편의 시는 다양한 해석이 가능하도록 비유와 은유가 적용되어 있어 상상력을 자극한다.

> 흔들리지 않고 피는 꽃이 어디 있으랴
> 이 세상 그 어떤 아름다운 꽃들도
> 다 흔들리면서 피었나니
> 흔들리면서 줄기를 곧게 세웠나니

흔들리지 않고 가는 사랑이 어디 있으랴

— 도종환, 〈흔들리며 피는 꽃〉 중

무언가를 다른 관점에서 보기를 간절히 원하는가? 그렇다면 먼지 묻은 책장에 방치된 시집을 꺼내어 소리 내어 읽기 시작하라. 그대에게 '꽃이 흔들리며 피는' 장면을 볼 수 있는 색다른 안목과 흔들릴 때마다 잦아드는 소리를 들을 수 있는 공감각이 있다면, 그대는 이미 반쯤 성공한 작가다.

바람이 불면 꽃이 흔들린다는 문장은 과학적 사실이자 상식이다. 하지만 시인은 바람이 원인이 아니라 줄기를 곧게 세우기 위해 꽃이 흔들렸다는 새로운 관점을 제시한다. 새로운 관점은 단순히 꽃의 흔들림이라는 자연적인 현상의 원인에만 머무르지 않는다. 흔들리며 성숙해지는 사랑의 의미로 확장되어 독자들이 마음에 잔잔한 감동을 안겨준다.

내가 직접 주관해서 만든 〈Think Different〉 광고에 등장하는 밥 딜런이 최근에 노벨 문학상을 받았다는 소식을 듣고 무덤에서 뛰쳐나가 마음껏 축하하고 싶었다. 비록 내 육신은 죽어서 함께할 수 없지만 그가 내게 남긴 문학적 감수성은 여전히 내 영혼 속에 살아 숨 쉬고 있다. 지식은 합리적인 이성에 속한 영역이다. 지식만 가지고서는 굳게 닫힌 창의성의 문을 열 수 없다. 문학적 감수성이 함께 어우러져야 비로소 창의성의 문이 열리기 시작한다.

지식은 객관적인 사실에 가까워서 그것만 전달하면 독자들은 퍽퍽한 곰보빵을 입에 문 것처럼 답답함을 느낀다. 문학적 감수성으로 둘러싼 지식은 독자들에게 크림빵처럼 부드럽게 느껴질 수 있다. 딱딱한 메시지에 마사지를 해서 말랑말랑하게 만든다고 상상하면 감이 잡히는가? 모든 독자가 시인이 될 수는 없다 하더라도, 시적 감수성과 다른 관점에서 보고 해석할 수 있는 능력은 반드시 갖춰야 한다.

일기는 나를 위해 쓰지만, 책은 공공재로 독자들을 염두에 두고 독자들이 듣고 싶은 이야기의 형태로 전달해야 한다. "작가님, 저에게 이러이러한 참신한 주제의 내용을 써주세요."라고 말해주는 독자는 존재하지 않는다. 설령 독자의 요청대로 그런 책을 쓴다고 해도 의미 없는 작업이 될 가능성이 높다. 그리고 이미 누군가가 그런 책을 썼거나 쓰고 있을 수도 있다. 그렇다고 마냥 손 놓고 있을 수만은 없는 노릇이다. 아웃풋 독서가로서 독자들의 니즈와 선호도를 만들어내라.

최근에 사람들의 주된 관심사가 무엇인지 주목하라. 관심을 갖고 보면 사람들이 주로 무슨 생각을 가지고, 어떤 욕구를 추구하며 살아가는지 눈에 들어오기 시작한다. 변화의 속도를 따라가지 못해 허덕거리는 독자들의 마음에 어떤 메시지로 위로와 용기를 줄 수 있을지 생각해보라. 역으로 당신은 지금 어떤 말을 들으면 감동을 받을지 스스로에게 솔직하게 질문하라. 내가 강조한 '인문'

을 단기간에 인문학 책을 뚝딱 읽고, 인문학 강의를 들으라는 메시지로 오해하지 마라. '인문학 열풍'으로 답답한 무덤에서 멈춰버린 숨이 다시 막힐 지경이다.

사람의 본성과 감각적인 본능에 관해 심층적으로 다룬 책을 보며 깊게 생각하고 사색하는 시간을 가져라. 쉽사리 이해되지 않거든 연관된 주제의 다큐멘터리를 시청하여 부족한 부분을 보충하라. 다양한 연관 지식을 결합하여 책을 읽으면 창의력 향상뿐 아니라 자신의 관심 주제를 건져 올릴 트렌드를 읽어내는 데도 도움이 된다. 관심 있는 분야의 트렌드에도 관심을 가져라. 매일 출간되는 제목들만 봐도 트렌드를 읽어낼 수 있다. 사실 나는 사물이나 현상의 본질을 직관하기 위해 20대부터 선 수련에 심취했었다. 때로는 단순함을 위한 비워내기(명상)를 통해 직관력을 키우는 노력도 필요하다.

창조적인 작품은 어느 날 하늘에서 뚝 떨어지지 않는다. 다른 작가들의 작품에서 핵심적인 내용을 훔쳐내고 출처를 숨기는 기술이 필요하다. 동일한 분야에 속해 있거나 동일한 주제를 다루고 있는 다른 작품에서 훔치는 것은 표절이다. 하지만, 전혀 연관성이 없어 보이는 다른 분야의 핵심을 훔쳐내고 변형하여 당신의 작품 속에 녹이면 이는 표절이 아닌 참조이며, 이로써 출처를 숨길 수 있다. 합법적으로 훔쳐낸 핵심 지식에 지구상에 유일한 당신의 독특한 경험과 아이디어, 새로운 관점으로 재해석한 일상의 스토리

등을 결합하라. 그래야 비로소 당신만의 작품을 창조할 수 있다. 조만간 독자들의 가슴을 울리는 당신의 작품이 출간되기를 소망한다.

"작가의 DNA는 필력만으로는 충분하지 않다. 작가의 인문학적 소양이 빚어낸 감수성과 합법적으로 훔친 지식이 결합되어야만 최종적으로 가슴을 울리는 결과물을 만들 수 있다."

　　　　- 2017년, 공대생 스티브 잡스, '작가란 무엇인가'

　　　　　　　　　　(필자가 상상하여 가상으로 작성함)

02

두 권의 책을
강제로 결합해보기

연관성이 없어 보이는 책들을 강제로 결합하거나 비슷한 주제를 가진 책들을 경쟁시켜 두 권을 한 권으로 통합하면, 단순한 한 권 그 이상의 의미를 발견할 수 있다. 또한 개별적으로 읽으면 지루할 수도 있는 책들을 '비벼 먹으면' 독서의 색다른 묘미를 느끼게 될 것이다. 이제부터 아웃풋 독서의 고급 레벨 게임을 시작한다.

누구나 한 번쯤은 읽어봤을, 얇고 말랑말랑한 『어린 왕자』(인디고)와 1,108 페이지라는, 방대한 분량을 자랑하는 공식 전기 『스티브 잡스』(민음사)를 강제로 결합하거나 경쟁시키면 어떤 의미를 발견할 수 있을까?

먼저 책 속에 등장한 두 인물의 공통점을 찾아보자. 어린 왕자, 스티브 잡스 이 두 사람은 모두 지구에 '인생 소풍'을 왔다. 어린 왕자는 지구에 불시착했고, 스티브 잡스는 엘리트 부모에게서 버림받고 가난한 양부모 밑에서 자랐다. 첫 출발부터 잡스의 인생 경로는 어린 왕자의 불시착과 닮아 있다. 어린 왕자와 스티브 잡스는 지나친 자기 몰입의 결과로 실패와 좌절을 겪지만, 인생의 멘토를 만나 자각의 단계로 진화한다.

두 인물은 세상의 사물이나 현상을 바라보는 관점이 일반 사람들의 것과는 다르다. 스티브 잡스는 21세기에 창의력의 대명사이자 아이콘으로 추앙받는 인물이다. 반면 어린 왕자는 코끼리를 삼킨 보아뱀을 그린 후 사람들에게 보여주었는데, 그들은 그림의 외형만 보고 '모자'를 그린 것이라고 답한다. 어린 왕자 또한 단순히 사물이나 현상의 외형에 집착하여 사물의 본질을 보지 못하는 일반 사람과는 달리 창의적인 통찰력을 가지고 있었다. 스티브 잡스도 기존의 컴퓨터와 휴대전화는 외형도 다르고 기능도 다르다는 일반인들의 인식의 한계를 뛰어넘어 스마트폰을 만들어냈다.

스티브 잡스가 컴퓨터와 휴대전화를 강제 결합하려 한 창의적인 시도는 현재 우리가 진행하고 있는 연관성 없어 보이는 책들의 강제 결합과 유사한 측면이 있다. 스티브 잡스도 컴퓨터와 휴대전화를 결합하기 위해서 먼저 두 기기 간의 공통분모를 찾지 않았던가. 이는 연관성이 없어 보이는 두 책의 내용적인 공통점을 찾는 작업과 비슷하다.

다음으로, 두 기기를 융합할 수 있는 제품 콘셉트와 기술적인 요소들을 검토하고 적용하여 스마트폰을 창조해냈다. 이와 마찬가지로, 아웃풋 독서가도 두 권의 책이 가진 공통점과 차이점을 발견하고 이에 자신만의 아이디어와 경험을 결합시킴으로써 새로운 콘셉트의 책을 만들어낼 수 있다. 거창한 스마트폰까지는 아니더라도 자신만의 책으로 다른 사람들에게 감동과 작은 유익을 가져다주게 되는 것이다. 평범한 우리도 이런 작업을 통해 창의적인 지식 생산가로 새롭게 자리매김할 수 있다.

기존의 작가들을 뛰어넘어 자신만의 콘셉트로 책이라는 창조물을 만들어내고 싶다면 이처럼 책들끼리 경쟁을 시켜라. 그리고 그 책들 간의 공통점과 차이점을 발견하는 연습을 꾸준하게 실행하라. 아웃풋 독서가는 심리전의 대가이기도 하다. 지금까지 게임을 통과해온 당신은 이제 작가의 작품들을 경쟁의 도가니에 넣고, 책의 엑기스를 뽑아내는 '교란 심리 전술'을 실행할 때가 왔다.

지금부터 두 권의 책을 강제로 결합하는 과제를 수행해보기로 하자. 여러분은 '하버드 대학교'라고 하면 어떤 이미지가 떠오르는가? 필자는 지성의 상징이자 성공을 위한 사다리에 올라선 1퍼센트 인재들의 모습이 생각난다. 어렸을 적에 텔레비전에서 〈하버드 대학의 공부벌레들〉이란 드라마를 본 적이 있다. 도서관에 파묻혀 살면서 연구한 자료들을 가지고 학생들과 교수님이 격렬하게 토론하던 장면들이 떠오른다. 하버드 대학교는 실제로 세계를 주름잡는 걸출한 리더들을 배출하였을 뿐 아니라 열 손가락 안에 드는 미국 대통령, 수십

명의 노벨상 수상자, 수백 명의 글로벌 CEO, 언론계의 거물 등 최고의 엘리트들을 키워냈다.

그렇다면 왜 하버드 대학교의 학생들은 이토록 성공하는 삶을 살게 되는 것일까? 이를 알아내기 위해 하버드 학생들의 성공 요인을 파헤친 두 권의 책을 등판시켜 경쟁의 도가니 속에 넣고 책의 정수를 뽑아보기로 하자. 『하버드 새벽 4시 반』(라이스메이커)과 『하버드 집중력 혁명』(토네이도)을 호출하여 아웃풋 독서의 고급 레벨 게임을 시작한다.

『하버드 집중력 혁명』이라는 제목은 자신의 색깔을 있는 그대로 드러내면서 주제 의식을 명확하게 보여준다. 『하버드 새벽 4시 반』은 감성적인 제목으로 독자들의 호기심을 은근히 자극한다. 어떤 제목에 더 끌리느냐는 독자의 취향과 처해진 상황에 따라 다를 것이다. 독자가 처한 상황이 시급하고 본인의 성향이 직설적이라면 『하버드 집중력 혁명』에 손이 먼저 갈지도 모른다. 마음이 심란해서 일도 손에 잡히지 않고 새벽마다 잠을 설치는 상황이라면 『하버드 새벽 4시 반』에 더 끌릴 것이다. 정답은 없다. 독자의 상황과 성향에 그 단서가 있을 뿐이다.

나라면 어떤 책을 선택할지 잠시 생각해본 후 책 제목만 보고 책 내용을 예상해보자. 나중에 본인의 책 제목을 정할 때도 자신의 주제나 메시지를 직설적으로 책 제목에 담을지, 감성적인 제목으로 여운을 남길지 결정해야 한다.

『하버드 새벽 4시 반』은 중국 CCTV에서 방송된 세계 유명 대학 하버드 편을 기반으로 집필된 책으로, 새벽 4시 반이 지나도록 불이 켜져 있는 하버드 공부벌레들의 열정과 노력을 집중 조명하였다. 그리고 하버드 대학교의 교육 철학 중에서도 '노력, 자신감, 열정, 실행력, 학구열, 유연성, 시간 관리, 자기 관리, 꿈, 기회'라는 다양한 키워드를 중심으로 하버드의 경쟁력을 보여주었다.

하버드 대학교 학생들의 성공 요인으로 제시된 이 10개의 키워드는 자기 계발서나 성공학 서적에 단골 메뉴처럼 등장하는 작은 주제들이다. 10개의 키워드들은 자주 들어본 것들로, 여기에 세계 일류 대학교 학생들의 생생한 사례를 곁들였기 때문에 호소력을 지니게 되는 것이다. 일종의 후광 효과를 노린 작품이다. 독자 여러분도 나중에 자신의 메시지나 주장을 내세우기 위해 특정 분야의 권위 있는 기관이나 저명인사의 이론 혹은 사례를 제시하면 후광 효과를 거둘 수 있다.

한편『하버드 집중력 혁명』은 성공한 사람들의 핵심 역량을 '집중력'에만 두고 그 주제만 파헤친다.『하버드 새벽 4시 반』이 10개의 키워드를 제시함으로써 성공학의 일반론을 제시한 것과는 다르다.『하버드 집중력 혁명』은 이 10개의 키워드가 아닌 '집중력' 하나로 독자들을 설득한다. 이로써 집중력이 목표를 이루는 가장 효과적인 도구이며, 주도적인 인생을 살 수 있는 원동력이라고 주장한다.

그다음, 집중력을 만들어내는 다섯 가지 핵심 요소를 제시하고 있다. '기운, 감정, 참여, 체계, 제어'라는 다섯 가지 요소를 통해 독자들이 실행에 옮길 수 있도록 유도하는 것이다. 핵심 주제는 집중력에서 출발하지만, 집중력을 강화시키는 이 다섯 가지 요소들은 『하버드 새벽 4시 반』에서 성공 요인으로 제시한 10가지 키워드들과 연결되어 있다.

예를 들어 집중력의 다섯 가지 요소 중 '참여'는 현재 자신이 하고 있는 일에 열심히 참가할 때 집중력이 생긴다는 대목이다. 이는 『하버드 새벽 4시 반』의 10가지 요소 중 실행력과 연관이 있는 내용이다. 다음으로 집중력의 핵심 요소인 '체계'는 『하버드 새벽 4시 반』에서 '시간 관리' 혹은 '자기 관리'와 맥락이 비슷하다.

이렇게 같은 주제를 다루고 있는 두 권의 책을 비교·검토함으로써 책의 서술 방식을 두 가지로 정리해볼 수 있다. 한 가지는 성공학의 이론에 나오는 여러 가지 핵심 요소를 쭉 나열함과 동시에 각각의 요소를 뒷받침하는 사례를 덧붙이는 방식이다. 다른 한 가지는 핵심 요소를 한 가지만 제시하고, 이를 구성하는 세부 요소를 파헤치는 방식이다.

두 가지 서술 방식에는 분명 차이가 있다. 하지만 내용적인 면에서는 두 가지 방법으로 제시한 성공 요소들 사이에서 어떤 연결점을 발견할 수도 있다. 이렇게 달라 보이는 책 두 권을 선택하여 공통점과 차이점을 발견하고 이를 정리하는 과정을 통해 창의력을 향상시킬 수 있다.

이렇게 두 가지 책을 비교·분석하는 작업을 하고 나면, 자신의 메시지나 주장을 독자들에게 전달할 때 어떤 방식으로 서술할지에 대한 단서를 얻게 된다. 우선 독자들이 관심 있는 주제를 정하고, 이와 관련된 책을 선택하여 꾸준히 독서를 하면서 그 실마리를 발견하기 바란다.

03

경계를 허물고
융합하기

마음의 눈을 열어보라

색다른 책을 읽어보자

독특한 관점으로 바라보고

감춰진 의미를 발견하며

오감을 열어 느껴보자

견주어 보고,

살포시 흔들고,

거꾸로 읽어보자

신선한 조합을 만들자

건져 올린 지식

배어 나온 감성

진심 담긴 토론으로

신세계를 열어보자

새롭게 다가오는

흥미진진한 독서 세상

Your output reading!

'책 도끼 선생' 박웅현이 SK 브로드밴드 출시 광고로 만든 'See the Unseen('아무도 보지 못한 세계를 보라' 정도로 해석 가능)' 카피를 참조하여 필자가 쓴 시다. 잘 읽어보면 아웃풋 독서가가 지향하는 '창의적 세상의 비전'과 '창의적 발생의 원리'를 제시하고 있다. 시에 나오는 짧은 구절들은 한마디로 정의하기 어려운 창의력의 다양한 개념들을 포섭한다.

첫 구절 "마음의 눈을 열어보라"는 'Think Different(다르게 생각하라)'의 기본 정신과 직접적으로 맞닿아 있다. 창의력은 그냥 지나치기 쉬운 일상 속에서 자신만의 독특한 시선으로 사물이나 대상의 특징을 잡아내는 데서부터 시작한다. 또, 사람들이 이미 잘 알고 있을 것 같은 상식을 은근히 파고든다. 고정 관념을 해체하고 때로 무너뜨리기도 한다. '앗! 이거 뭐야?', '아, 이렇게 생각할 수도 있구나!'라는 반응을 이끌어낸다. 잘 알고 있는 사실이지만 순간 '낯설게 느껴지게 하는' 효과를 거두기도 한다.

아래 블로거 북셰프맘[8]의 자작 시 〈너를 닮고 싶다〉를 소개한다. 상상력의 나래를 펼치며 궁극적으로 시인이 누구를 닮고 싶어 하는 건지 예상해보고, 끝 구절에 답을 적어보라. 해답이 보이지 않거든, 북셰프맘님과 서로 블로그 이웃을 맺어 그녀의 순수한 다른 시들도 감상해보자. 찬찬히 읊다 보면 기성 시인에 버금가는 풍부한 시적 감수성을 느낄 수 있다.

● 파란 모자에 새긴 이름 하나로
　마음을 사로잡기에 충분하다.

　너의 음성은 눈과 귀가 한시도
　한눈팔기를 허용하지 않는다.

　너의 몸짓은 때론
　얄밉고
　너의 몸짓은 때론
　감동이며

---

8 〔북셰프맘 네이버 블로그〕 http://blog.naver.com/shwawb

너의 몸짓은 때론

우스꽝스럽다.

너는 세상에서 가장 우월한 유전자를

가진 것이 틀림없다.

그렇지 않고서야

이렇게 시선을 한 몸에 받을 수가 있는가.

사람의 취향은 너무나도 다른데

네 앞에서는 취향도 의미를 잃는구나.

너의 이름 ○○○.

너의 유전자를 닮고 싶다.

– 블로거 북셰프맘, 〈너를 닮고 싶다〉

　소녀의 감성이 느껴지는 이 시에 "신선한 조합을 만들자." 그렇게 "신세계를 열어보자." 새로운 결합은 또 다른 의미를 낳고, 새롭게 발견한 의미는 창의력이라는 신세계로 가는 문을 열어준다. "네 앞에서는 취향도 의미를 잃는구나." 다양한 취향을 저격하는 그 이름! 다소곳이 그의 이름을 부르고 싶다. 그의 이름을 살포시 불러주면, "또 다른 의미로 다가올 것 같은 설렘!"이 느껴진다.

- 내가 그의 이름을 불러주기 전에는

  그는 다만

  하나의 몸짓에 지나지 않았다.

  내가 그의 이름을 불러주었을 때

  그는 나에게로 와서

  꽃이 되었다.

  내가 그의 이름을 불러준 것처럼

  나의 이 빛깔과 향기에 알맞은

  누가 나의 이름을 불러다오.

  그에게로 가서 나도

  그의 꽃이 되고 싶다.

  우리들은 모두

  무엇이 되고 싶다.

  나는 너에게 너는 나에게

  잊혀지지 않는 하나의 눈짓이 되고 싶다.

  － 김춘수, 〈꽃〉

너의 이름을 막상 알고 나면 피식 웃음이 나올지도 모른다. 북셰프맘의 시에 등장하는 ○○○는 바로 아이들의 대통령이라고까지 불리는 애니메이션 캐릭터 '뽀로로'다. 북셰프맘이 유전자까지 닮고 싶다고 고백하는 뽀로로는 그녀에게 평생 잊히지 않을 소중한 꽃처럼 크나큰 의미로 다가온다.

시를 다시 찾기 위해 뽀로로를 검색하다가 우연히 감사 일기와 마주쳤다. 그녀의 감사 일기를 통해서도 뽀로로가 북셰프맘의 삶에서 차지하는 중요도와 비중을 엿볼 수 있다.

● 응급약을 쓰면 아이는 많이 비틀거리고 중심을 잡기 어려워합니다. 어쨌든 응급약을 쓰지 않고 견디고 있는 아이에게 감사합니다. (…) 좋아하는 로보카 폴리로 달랬습니다. 만화가 아이를 망친다고 하지만 지금 이 순간 저는 정말 감사합니다. 로보카 폴리, 뽀로로, 헬로 카봇에게 진심으로 감사합니다. 태어나주셔서 감사하고, 태어나게 만든 창조주들께 진심으로 감사합니다.

– 북셰프맘의 감사 일기 중

이 시를 접한 필자는 뽀로로의 유전자까지 닮고 싶다는 그 표현이 가슴 절절하게 맺혀 한동안 멍하니 천장만 바라보고 있었다.

그녀에게 뽀로로가 주는 의미는 단순한 만화 주인공 캐릭터가 아니다. 이름만 들어도 그녀의 마음을 설레게 한다. 위급한 순간이 오면 한달음에 달려와 소중한 자녀를 구해주는 슈퍼맨 그 이상의 든든한 이름이다. 뽀로로는 그녀의 가슴에 잊히지 않을, 인생의 소중한 꽃이다. 이 대목은 꽤 진지해서 두 편의 시를 택하여 경계를 허물고 핵심 포인트를 연결하여 새로운 의미를 발견할 것을 권하는, 창의력에 대한 본 꼭지의 마무리를 무색하게 만들 정도다.

04

장르를
넘나들기

"평범한 일상에 의미를 부여하고, 그 조각들을 퍼즐처럼 끼워 맞추라."

길을 걷다가 하늘거리는 코스모스를 보고, '꽃이 예쁘게 많이 피었네!'라고 생각한다. 느낌표가 있긴 하지만, 그냥 '사실'을 표현했을 뿐이다. 조금 더 걸어가다가, 문득 한 장면이 떠오른다. 짝사랑하는 여인에게 코스모스 꽃을 한 다발 덥석 안겨주며, 어색한 분위기에 어찌할 바를 몰라 머뭇거리다가 결국 한다는 말이,

'소영아, 이 꽃 예쁘지?'

순간 '아차' 하며 바로 드는 생각……

'바보, [네가 이 꽃보다 훨씬 예뻐]라고 했어야지…….'

'꽃이 예쁘게 많이 피었네!'는 평범하고 무미건조한 사실 중심의 세계다. 여기에 '꽃보다, 꽃만큼, 꽃처럼' 등 비유나 은유를 통해 의미를 부여하고 글이라는 옷을 입히면, 시가 되고 소설이 되며 문학이 된다. 비록 허구지만 사실보다 더 아름답고 감동적인 세계로 우리를 초대한다. 남들이 부여해놓은 꽃의 의미에 마냥 젖어 있을 수만 없는 노릇이다. '꽃놀이패(바둑에서, 한편은 패가 나면 큰 손실을 입으나 상대편은 패가 나도 별 상관이 없는 패) 독서법'으로 작가들의 '의미 부여에 대한 또 다른 차원의 의미'를 추적해보자.

꽃에 대해 이야기하는 서로 다른 장르들을 연결시키면 그 의미와 영향력이 확대된다. 연결 고리와 그 속내를 들여다보면 작가의 의도가 드러나고, 저자의 의도가 파악되면 그 책들을 깊게 이해할 수 있다. 그때 비로소 독자가 비집고 들어갈 틈이 생긴다. 벌어진 틈을 채우는 건 독자의 몫이다. 여기서 벌어진 틈은 써내야 할 소재나 주제가 될 수 있다. 꽃과 관련된 작품들을 불러들어 해석하고, 연결하고, 결합하는 과정을 반복하다 보면 다른 관점에서 볼 수 있는 안목이 길러진다.

마찬가지로 동시에 여러 권의 책을 융합해서 읽고, 엮어서 해석하다 보면 막연하기만 한 창의성이라는 개념이 손에 잡히기 시작한다. 다른 관점에서 보고, 발견한 내용을 글로 옮겨 적어보면 기억에도 오래 남고 생각이 정리되면서 작품을 깊게 이해할 수 있다(그런 글들이 하나둘씩 늘어가다 보면 자신만의 책을 낼 수 있는 기회를 잡게 될 것이다).

시나 소설은 삶을 반영하거나 투영하는 그림자다. 문학 작품에 유독 '꽃'이라는 소재가 많이 등장하는 이유는 꽃이 우리의 삶과 밀접한 관련이 있기 때문이다. 꽃은 생일이나 졸업식, 연인들의 기념일에 사랑을 담아 선물하는 매개체로, 사랑의 징표와 같은 역할을 한다. 한편, '꽃으로도 아이를 때리지 말라'는 한 교육 운동가의 말에서는 꽃이 부드럽고 온화한 이미지로 다가오기도 한다.

문학 작품에서 꽃이 중요한 기능을 하는 이유는 상황에 따라 그 의미가 달라지기 때문이다. '내가 그의 이름을 불러주었을 때 그는 나에게로 와서 꽃이 되었다'는 김춘수 시인의 시 구절이 대표적이다. 이름을 불러주는 행위는 그만큼 상대에게 관심이 있고 사랑한다는 표시다. 여기에는 이름을 불러주자 비로소 꽃이 되어 소중한 존재로 자리 잡았다는 상징적인 의미가 있다(김정운 교수의 표현을 빌자면, 이름을 불러주자 그가 다가와 여자의 소중한 물건(존재, 선물)이 된 셈이다).

『어린 왕자』에서도 주인공이 지구에 불시착해서 진정한 삶의 의미와 목적을 깨달아가는 데 결정적인 역할을 한 대상물이 '꽃'이다. 『어린 왕자』에는 다음과 같은 구절이 나온다.

● "네 장미꽃이 그렇게 소중해진 건 네가 장미꽃에 공들인 시간 때문이야. 넌 영원히 네가 길들인 것에 책임을 져야 해. 넌 네 장미꽃에 책임이 있어."

－『어린 왕자』 중

어린 왕자는 까다로운 장미꽃을 정성스럽게 돌봐주는 과정을 통해 그 꽃과 관계를 맺어왔다. 그리고 잠시 꽃과 떨어져 있으면서, 자신의 별에 있는 장미의 존재 의미를 깨닫게 된다. 어린 왕자가 그 장미의 이름을 불러주는 순간, 불시착한 지구의 수천만 송이의 꽃보다 자신의 별에서 사는 장미 한 송이가 새로운 의미로 다가온다. 그 장미꽃은 이렇게 어린 왕자의 마음속에 '잊히지 않는 하나의 눈짓'이 되는 것이다. 자신의 별에 있는 장미는 어린 왕자의 눈에 넣어도 아프지 않을 만큼 소중한 존재로 다시 태어난다.

한편 어린 왕자가 사랑했던 그 장미는 불시착한 지구에서 당장 만날 수 없는 그리움의 원천이자 어린 왕자와 이별을 앞둔 작가와의 연을 이어주는 매개체이기도 하다. 그는 별이 반짝거리며 아름답게 다가오는 이유는 자신이 사랑하는 꽃이 그 별에 있기 때문이라고 이야기한다.

● "별들이 아름다운 건, 보이지 않는 한 송이 꽃 덕분이야. 사막이 아름다운 건 어딘가에 우물이 숨겨져 있기 때문이야."

-『어린 왕자』 중

지구에 불시착한 지 1년이 되는 날, 어린 왕자는 자신의 별에 두고 온 장미를 책임지기 위해 자기 별로 돌아가기로 결심한다. 헤어져야 하는 슬픔에 가슴 아파하는 작가 생텍쥐페리에게, 왕자는 그리움의 창문을 열면 자신이 살고 있는 별을 볼 수 있을 거라 위로한다.

● "밤에 하늘을 바라볼 때, 그 별들 중 한 곳에 내가 살고 있을 테니까. 내
가 어느 한 별에서 웃고 있을 테니까, 아저씨에게는 모든 별들이 소리
내어 웃는 것 같이 보일 거야. 아저씨는 언제나 내 친구일 거야. 아저씨
는 나와 함께 웃고 싶어질 거고. 그럴 때면 이따금 창문을 열겠지."

– 『어린 왕자』 중

우리도 지구에 불시착하여 저 별 너머에 두고 온 나만의 소중한
장미꽃을 그리워하고 있는지도 모른다. 동시에 어린 왕자에게 우리
는 지구에 남기고 간 또 다른 의미의 꽃인지도 모른다. 『어린 왕자』
를 읽은 독자들 또한 지구별에 존재하는, 어린 왕자의 소중한 꽃인
셈이다. 동시에 독자가 『어린 왕자』를 읽고 그를 자꾸 길들이면, 어린
왕자도 당신의 내면에 소중한 꽃으로 자리 잡게 된다.

우리가 현실에서 별을 보며 그리움에 빠지는 이유는 마음속에 어
린 왕자의 감동이 살아 있기 때문이다. 비록 그는 현실 속에 존재하
지 않지만, 우리의 마음과 감정 속에 살아 숨 쉬는 그리움의 원천으
로 남아 있다. 시인 오세영은 〈먼 그대〉라는 시에서 지구별에서 소중
한 꽃들로 살아가며, 저 멀리 반짝이는 별과 어린 왕자를 그리워하
는 마음에 대해 속삭인다.

● 꽃들은 별을 우러르며 산다.
이별의 뒤안길에서
촉촉이 옷섶을 적시는 이슬,

강물은
흰 구름을 우러르며 산다.
만날 수 없는 갈림길에서
온몸으로 우는 울음,

바다는
하늘을 우러르며 산다.
솟구치는 목숨을 끌어안고
밤새 뒹구는 육신,

세상의 모든 것은
그리움에 산다.
닿을 수 없는 거리에
별 하나 두고,
이룰 수 없는 거리에
흰 구름 하나 두고,

– 오세영, 〈먼 그대〉

꽃을 매개로 시와 소설, 다시 소설과 시를 연결하다 보면 작품 속에 작가들이 의미를 부여한 상징물들(꽃과 별)이 비슷한 맥락으로 이어져 흘러가고 있음을 알 수 있다. 아웃풋 독서가는 기존 작가들이 흔히 보게 되는 꽃이나 별에 어떻게 의미를 부여하고 어떻게 스토리에 담아 독자에게 전달하는지에 주목한다. 평범한 일상이나 사물에 의미를 부여하고, 그 의미의 조각들을 퍼즐처럼 맞추어가다 보면 당신만의 작품이 윤곽을 드러내는 날이 올 것이다. 독자들의 삶에도 꼭 그런 날이 오기를 소망한다.

05
지식에
스토리를 입히기

다니엘 핑크는 『새로운 미래가 온다』(한국경제신문사)에서 지식 정보화 시대 이후에 하이 터치(Hi-Touch, 고도의 기술이 도입될수록 그 반동으로 보다 인간적인 따뜻함이 유행하게 되는 것과 같은 반응), 하이콘셉트(Hi-Concept, 서로 관련 없어 보이는 아이디어를 결합해 새로운 개념을 만들어내는 것) 시대를 예견하면서, '스토리텔러'가 되라고 제안한다. 사실(Fact)을 기반으로 스토리를 가미하여 전달하는 메신저(Messenger)로 변신하라는 의미다. 스토리텔러에 대해서는 여러 가지 해석이 있으나, 책에서 얻은 지식에 자신의 독특한 경험과 해석을 가미하여 자신만의 스토리를 독자들에게 전하는 아웃풋 독서의 과정과 비슷하다고 볼 수 있다.

세상 사람들은 저마다 자기만의 이야기를 가지고 있다. 우리네 할

아버지와 할머니들은 힘든 보릿고개를 수없이 넘긴 후 안정된 삶을 살게 된 '고난 극복의 스토리'를 갖고 있다. 젊은 세대도 순수하고 가슴 설레는 연애 경험과 초중고 시절의 추억을 사실보다 조금 더 과장하거나 미화하여 이야기한다. 아이들도 엄마, 아빠와의 행복하고 슬펐던 소중한 기억들을 자신만의 이야기로 간직하고 있다.

청장년 남성들의 군대 이야기는 너무 많이 들어 식상하기도 하지만, 여전히 스토리의 전형처럼 여겨진다. 듣는 사람 입장에서는 패턴이 뻔히 보이지만 사실과 허구가 적절하게 결합되어 있는 스토리의 구조를 지니고 있다. 남자들은 술자리에서 너도나도 허풍이 담긴 군대 스토리를 전하느라 애를 쓴다. 그리고 그렇게 술자리에서 들은 남의 화려한 군대 이야기를 훔쳐 자신의 무용담으로 변모시킨다. 마치 적을 무찌른 람보와 같은 스토리의 주인공을 자신인 양 동일시하는 것이다. 뿐만 아니라 남자들은 자신의 남성미와 캐릭터를 돋보이기 위해 군대 에피소드를 활용한다. 사람들의 열렬한 반응을 끌어내기 위해 스토리의 극적인 요소를 극대화한다.

최신 마케팅 트렌드에서도 동일한 상품에 어떤 스토리를 가미하느냐에 따라 고객들의 반응이 달라진다. 상품에 대한 사실을 전달하는 광고는 이제 식상하고 때로 의구심과 회의적인 반응까지 불러일으킨다. 반면에 상품의 특성이나 개발 배경 등을 담은 이야기 형태로 전달하면 흥미와 호기심을 자극할 수 있다. 고객들은 제품 기능에 대한 설명이 아니라 제품의 스토리에 담긴 의미에 공감한다. 이야기에 대한 공감은 제품 자체에 대한 선호도를 높이고 구매 행동에까지 영향을 미치게 된다.

상품 기획자나 마케터들은 자기 회사들의 브랜드 선호도를 높이기 위해 저마다 독특한 '브랜드 스토리'를 활용한다. 예를 들어 화장품 '이니스프리'는 깨끗한 섬 제주도를 중심으로 천혜의 자연이 주는 친환경 이미지를 강조함으로써 고객에게 자연미(美)를 선사하고자 하는 브랜드 스토리를 갖고 있다. 청장년 남성들이 자신만의 군대 스토리로 남성미를 뽐내고 개성을 돋보이려 애쓰는 맥락과 유사하다.

사람들은 책을 읽을 때도, 무미건조하게 사실을 쭉 나열하는 부분보다 스토리에 더 민감하게 반응한다. 따라서 자신의 경험과 지식을 글로 전달해야 하는 아웃풋 독서가도 스토리텔링의 기본을 이해하고 활용할 필요가 있다. 독자들의 긍정적인 반응을 이끌어내기 위해서는 스토리텔링 기법이 유용하기 때문이다.

서점가에도 대중들의 입맛을 당기는 스토리텔링 책들이 꾸준히 인기를 끌고 있다. 콘텐츠 스토리텔링 책들은 사실 위주의 지식과 정보에 스토리를 결합한 형식으로 독자들에게 친근하게 다가간다. 『마시멜로 이야기』(21세기북스), 『배려』(위즈덤하우스), 『선물』(랜덤하우스코리아), 『용기』(위즈덤하우스) 등이 대표적이다. 이 책들을 성공적이고 행복한 삶을 살기 위해 필요한, 다소 묵직한 덕목들에 말랑말랑한 스토리를 입혀 독자들이 쉽게 읽을 수 있도록 재구성되었다.

그렇다고 전문적인 스토리텔링 기법을 배워서 당장 글쓰기에 적용하라는 의미는 아니다. 상식적인 수준에서 스토리텔링의 의미와 효과를 알고 있으면 된다. 개가 사람을 물었다는 이야기는 그냥 넘길 일이지만, 사람이 개를 물면 뉴스거리가 된다는 속설을 바탕으로 스토리텔링의 의미와 효과에 대해 가볍게 접근해보기로 하자.

어느 날 유기견이 종로3가 탑골공원을 지나가던 할아버지 한 분을 물어뜯는 사고가 발생했다. 다행히 큰 상처는 나지 않아 일상에 묻혀버렸다. 반면, 서울역 광장에 있던 노숙자가 지나가던 여행객들의 값비싼 순수 혈통 애완견 서너 마리를 물어뜯는 사건이 발생했다면, 어떻게 될까?

이는 당장 뉴스거리가 된다. 만약 당신이 기자라면 사건 경위를 사실 중심으로 나열하는 무미건조한 글을 작성할 것이다. 기자의 이성적인 판단을 거쳐 노숙자 관리에 신경을 써야 한다는 시사점을 담아 본사 데스크에 기사를 송고한다. 또 다른 기자는 지자체가 재발 방지 대책을 내놓아야 한다는 내용의 기사를 작성할 수도 있다. 제대로 기사를 읽지 않은 독자들은 '아무리 배가 고파도 그렇지, 애완견을 잡아먹냐'는 등 엉뚱한 방향으로 논지를 끌어가면서 그 노숙자를 비난하고 매도하려 할 수도 있다.

한편, 당신이 마침 서울역 광장을 지나가다가 우연히 노숙자가 배가 고파서 그런 게 아니었다는 이야기를 듣게 되었다고 가정해보자. 애완견을 물어뜯은 사람의 구구절절한 사연을 듣고 지인들에게 이를 말로 전하는 그 순간, 스토리텔링은 시작된다.

"내가 지나가면서 우연히 들었는데 그 사건 알고 보니, 애완견과 엮인 서글픈 사연이 있지 뭐니. 노숙자가 어릴 적에 겪은 일이 상처로 남아서 지나가던 애완견을 물어뜯었다는 거야. 딱하기도 하지. 아빠가 일찍 돌아가시고 적적해진 엄마가 애완견을 애지중지하느라 자신은 늘 뒷전이었대. 그리고 어렸을 때, 엄마가 고기를 구워서 애완견을 품에 앉고 먹였대. 근데 자신이 고기를 먹으려고 접시에 손을 대는 순간, 사고가 발생한 거야. 엄마가 '안 돼!' 하며 접시를 잡으려다 그만 테이블에서 접시가 떨어져 깨졌고, 노숙자 손가락에 큰 상처가 났대. 그 상황에서도 엄마가 자기에게 화를 내고 점점 더 애완견만 끼고 살았다지 뭐니. 그때부터 애완견에 대한 미움이 쌓였다는 거지. 그 이후부터는 그 애완견과 비슷한 개를 볼 때마다 물어뜯고 싶은 충동이 일어나서 절제할 수 없었대."

사실 위주의 신문 기사에는 별 반응 없이 넘어갔던 독자들도 인생 스토리를 들으면 저마다의 생각과 느낌, 의견들을 내놓기 시작한다. '음, 참 안쓰럽다', '불쌍하다. 엄마가 계모일 거야', '아무리 그래도 그렇지, 사람이 개만도 못하냐' 등 개를 물어뜯은 남자의 스토리에 자신의 감정을 이입시켜 다양한 반응을 보인다.

사람들은 애완견을 물었다는 비슷한 내용을 듣거나 읽더라도, 사실 위주의 기사문보다 사실 이면의 인생 스토리에 더 관심을 갖는다. 이처럼 스토리에 주목하면 상황에 대한 해석이 달라지고, 사실에 부여하는 의미도 달라진다. 외부적인 요인으로 흔들리지 않고 독서 자존을 지켜내려면 뉴스를 듣거나 책을 읽을 때도 '사실 그 이면까지 들여다보는 안목'과 이야기에 최대한 감정을 이입할 수 있는 '공감력'을 갖춰야 한다.

사건이나 사고, 이벤트의 이면을 들여다볼 수 있는 안목과 공감 지수를 높이기 위해서는 실용서보다 문학 작품을 보는 게 더 유용하다. 독자 여러분은 바로 앞의 꼭지에서 시와 소설의 연결을 통해 하나의 현상이나 사물을 다르게 볼 수 있는 안목과 감수성을 느껴본 바가 있다. 더불어 잔잔한 스토리에 자신의 감정을 이입하여 감수성을 풍부하게 하는 데는 수필이 적격이다.

김소운의 수필 『가난한 날의 행복』(함께)에는 가난하지만 '마음 부자'로 살아가는 젊은 부부의 애틋한 사랑 이야기가 나온다. 실직한 남편이 출근하는 아내의 아침상을 차리다가 제대로 된 반찬이 하나도 없음을 알게 된다. 순간, 남편은 기지를 발휘하여 애정이 가득 담긴 한 장의 메모로 아내에게 사랑과 정성을 전달한다.

"왕후의 밥과 걸인의 찬, 시장기만 속여 두오."

비록 가난해서 배부르게 먹을 반찬은 없지만 자신을 왕비로 치켜세우는 남편의 지혜와 사랑에, 아내는 밥을 먹지 않아도 배가 부를 만큼 행복에 겨워한다.

아침 식사를 하려는데 반찬이 없으면 투정을 부리거나 숟가락을 내려놓고 그냥 출근할 수도 있다. 하지만 작가는 그 상황을 사랑이 담긴 따뜻한 시선으로 바라보고 감동적인 스토리로 승화하여 독자들의 마음을 적셔주었다. 책을 읽을 때는 스토리에 흠뻑 젖어 감수성을 충전할 수 있어야 한다. 또, 충전된 감수성을 바탕으로 일상에서 일어나는 사건과 현상을 따뜻하게 바라보고 해석할 수 있는 눈을 길러야 한다.

여기에서 한 걸음 더 나아가 따뜻한 시선으로 새롭게 바라본 나의 일상에 대해서도 조금씩 표현하는 연습이 필요하다. 이는 자신만의 이야기를 주변 사람들에게 전하는 스토리텔러로 변신하기 위한 트레이닝이다. 그렇다면 누구한테 이걸 배울 수 있을까? 스토리텔링의 대가들로부터 배우면 된다.

스토리텔링의 대가라고 해서 엄청난 인물을 떠올렸을지도 모르지만, 그렇게 거창하지 않다. 스토리텔링의 대가는 단연코 우리 할아버지, 할머니들이다. 손자, 손녀를 무릎에 앉혀놓고 '옛날 옛날에' 시리즈를 맛깔나게 전해주시던 향수와 감정이 여전히 우리의 마음과 몸속에 배어 있다.

또, 분위기 좋은 카페에서 친한 지인들과 수다를 떨듯이 자신의 이야기를 글로 쓰는 놀이를 시작하면 된다. 감성의 대가이자 소설가인 이외수는 『글쓰기의 공중부양』(해냄)에서 "글을 쓸 때는 친한 친구에게 말하듯이 거침없이 써 내려가고 나중에 문어체(글에서 주로 쓰는 말투)로 바꿀 것"을 제안한다. 가까운 사람에게 말을 하듯 '구어체(일상적인 대화에서 주로 쓰는 말투)'로 글을 쓰면 실타래가 풀리듯 글이 술술 흘러나오게 된다. 그렇게 쓴 글을 다시 '문어체'로 바꾸면 남들에게 보여줄 만한 글이 된다.

　독자에게 감동을 주는 스토리텔링은 어디서 따로 배워야 하는 고난도의 기법이 아니다. 부담 없이 자신의 이야기를 풀어가며 손이 가는 대로 쓰다 보면 자연스럽게 스토리텔러가 될 수 있다. 자신의 이야기가 쌓여서 하나의 주제로 묶어내면 한 권의 책이 되고, 이로써 독자에서 창조적 지식 생산자로 거듭나게 된다.

06

독자에서
창조적 지식 생산자가 되라

보라, 아무도 바라보고 있지 않은 것처럼

읽으라, 한 번도 읽지 않은 것처럼

느끼라, 때로 느낌이 필요하지 않은 것처럼

소통하라, 아무도 듣고 있지 않은 것처럼

글을 쓰라, 오늘이 마지막 날인 것처럼

이 5가지는 책을 읽는 독자에서 책을 쓰는 저자로 변신하기 위해
필요한 덕목들이다. 책을 읽고 결과물을 만들어내는 아웃풋 독서가
가 되기 위해 날마다 무의식적으로 느끼고, 의식적으로 실천해야 할
항목들이기도 하다. 반복되는 일상을 자신만의 독특한 관점으로 보
고, 온몸으로 느끼고, 남다르게 해석하며, 사람들이 공감할 만한 의

미를 부여하여 조금씩 글로 쓰다 보면, 어느덧 작은 글들이 모여 한 권의 책이 완성된다.

〈책을 쓰라, 한 권도 쓰지 않은 것처럼〉, 이는 필자가 쓴 시지만, 더 훌륭한 원전이 존재한다. 바로 알프레드 디 수자의 〈사랑하라, 한번도 상처받지 않은 것처럼〉이라는 시이자 명언이다. 이 명언을 아웃풋 독서법의 관점에서 재해석하여 필자만의 방식으로 표현한 것이다. 시적 표현은 다양한 해석을 낳을 수 있어서 참 매력적이다. 사실 아침에 모락모락 떠오르는 생각을 10분 안에 적은 거라 의미 부여가 완전하지는 않지만, 각 구절의 의미를 설명하면 다음과 같다.

보라, 아무도 바라보고 있지 않은 것처럼
- 보이는 게 전부가 아니다. 정말 소중한 것은 눈에 보이지 않는다.

읽으라, 한 번도 읽지 않은 것처럼
- 읽은 게 전부가 아니다. 읽을 때마다 새로운 물에 발을 담근다 고 생각하라.

느끼라, 느낌이 필요하지 않은 것처럼
- 느낀 게 전부가 아니다. 제대로 느끼고, 느낀 만큼의 울림을 주 고 있는가?

소통하라, 아무도 듣고 있지 않은 것처럼

- 귀로 듣고 입으로 말하는 게 전부가 아니다. 마음으로 듣고 가
  슴으로 말하라.

글을 쓰라, 오늘이 마지막 날인 것처럼
- 글을 쓰기 위해 사는 게 아니다. 팔딱거리는 영혼의 생생함을
  위해, 살기 위해 쓰라!

〈책을 쓰라, 한 권도 쓰지 않은 것처럼〉
- 책 한 권을 썼다는 것은 곧 하나의 인생을 살아낸 것이다. 당신
  은 몇 번의 새로운 인생을 살다 가고 싶은가?

이 시에 부여한 의미대로라면, 필자는 이제 세 번째 삶을 살아가고
있는 셈이다. 부모님이 선물해준 한 번의 생, 2008년에 내놓은 책으
로 두 번의 생, 지금 쓰고 있는 책으로 세 번의 생을 살아가고 있다.
부모님이 선물한 한 번의 생에서 만난 인연들도 물론 귀하다. 또, 비
록 두 번째 생의 결과물은 미천했지만, 덕분에 새롭고 좋은 인연들을
많이 만날 수 있었다. 그리고 이 책으로 맞게 된 세 번째 생에서도 여
러분과 연이 맺어져 지금 이 순간 소통하고 있다. 후에 책이 절판되
어 출판사가 정해준 생애 주기를 다하더라도, 독자들의 책장과 기억
속에 저마다 다른 추억과 작은 감동으로 살아 있기에 그 의미는 끝
나지 않는다.

작가로서의 생을 살아내려면 집필 중 적어도 50명에 달하는 소중한 인연과 만날 수 있다. 한 권의 책을 내기 위해서는 자신의 메시지와 사례를 풍부하기 위해 직접 혹은 간접적으로 100권 이상의 연관 도서들을 읽고, 참고하고, 때로 직접 인용하기도 한다. 책은 작가의 분신이기에 결국엔 100명과 인연을 맺어 소통하고, 때로 감동받으며, 전문적인 지식으로 도움을 받는 셈이다. 당신이 출판하게 될 책도 다른 작가들과 인연을 맺어 또 다른 의미로 해석되고 인용되어 다른 작가들의 작품을 완성하는 데 도움을 주게 된다.

책 읽기에서 책 쓰기로 전환하며 얻을 수 있는 또 다른 혜택은 '홀로서기의 힘'을 기르고 그 시간들을 의미 있고 풍성하게 만들 수 있다는 것이다. 날로 복잡해지고 혼란스러운 불확실성의 시대에 『혼자 있는 시간의 힘』(위즈덤하우스)의 작가, 사이토 다카시는 변화의 소용돌이에 허덕이는 우리들에게 화두를 던진다. 홀로 있는 시간, 당신은 무엇을 하는가? 당신 스스로 선택하여 그 시간을 만들어내고 있는가?

그는 바쁜 일상에서 시간을 쪼개어 책을 읽고, 사색하며, 글로 써내는 지적인 일련의 활동들이 혼자 있는 시간의 본질이라고 주장한다. 필자가 지방으로 혼자 발령받아 외롭고 힘들어서 드라마와 여러 가지 중독에 빠졌던 일은 '나쁜 고독'이었다. 반면 마음과 감정이 부르는 책들을 읽고 즐거워하며, 감동받은 구절을 필사하고 글을 썼던 일은 '좋은 고독'이었다. 그 후 다시 책을 씀으로써 또 다른 제3의 생을 살아가겠다는 결심을 하고 글을 쓰기 시작했을 때 나쁜 고독에서 좋은 고독으로 이행하는 체험을 할 수 있었다.

홀로 있는 습관을 즐기는 힘은 독서와 글쓰기의 선순환이 이루어내는 창조적인 에너지로부터 나온다. 사이토 다카시의 조언처럼 한 살이라도 더 젊을 때 혼자 있는 시간을 즐기기 바란다. 고독의 기술로 글쓰기와 책 쓰기를 직접 행함으로써 현명한 아웃풋 독서가로 거듭나기를 소망한다.

『나는 이렇게 될 것이다』(김영사)에서 변화 경영 전문가이자 시인인 고(故) 구본형 선생은 "매 순간 온전히 나를 쏟아붓는 삶을 사는 것, 우리 인생을 시처럼 사는 것, 자신의 삶을 최상의 예술로 만드는 것! 그것이 자기 경영의 목적이다."라고 주장한다. 아웃풋 독서가의 인생 철학도 자신의 삶을 몇 번이나 살 것인지를 결정하고자 하는 데 있다. 이 또한 목표에 따라 자신의 소중한 시간과 자원을 재분배하는 '자기 경영'이라는 점에서 구본형의 변화 경영 철학과 궤를 같이한다.

자신만의 결과물을 완성해내는 아웃풋 독서가는 창의적인 지식 생산가인 동시에 창조적인 자기 경영 전문가다. 차별화된 지식에 독특한 감성을 통합하는 리더십으로 창조적인 성과(결과물)를 만들어내는 데 의의를 둔다. 창조적인 지식 생산가로서의 꿈을 실현하기 위해서는 단계적인 실천이 필요하다.

먼저 자신의 독특한 재능이 어디에 있는지 발견하고, 인생에서 승부를 걸 만한 자신만의 영역을 찾아야 한다. 필자가 독서법에 관해 연달아 집필한 데는 다양한 독서를 통해 나만의 전문 분야를 택하고 이 영역에 대한 안목을 넓히고자 하는 부차적인 목적이 있다. 주된 목적은 독자들과의 소통을 통해 스스로가 더 성장하는 데 있다. 나만의 분야를 독서와 글쓰기로 좁혀서 확정 지을 수도 있겠지만, 아직 시도해보고 싶은 분야가 더 있다. 자기 경영은 연속적인 개념이므로 끊임없는 시도는 그 자체만으로도 의미가 있다고 본다.

그럼에도 여전히 저자가 되는 길이 너무나 멀고 힘들어 보일 수도 있다. 본인이 관심을 갖고 있고, 하면 할수록 재미있고, 능률이 오르는 분야에서 3~6개월 안에 눈에 보이는 성과를 만들어 작은 성공의 체험을 쌓아가라. 구체적으로는 관심사와 연관 있는 100권의 책을 읽고 7퍼센트의 핵심을 뽑아 나만의 한 권을 완성하는 데 주력해보자. 그러다 보면 자신만의 꽃을 피우는 날이 올 것이다.

그렇다고 너무 거창한 목표를 세우면 쉽게 지칠 수도 있다. 이럴 때는 이미 그 길과 관련된 경험이 있는, 실력을 갖춘 길잡이를 찾아서 도움을 받을 필요가 있다. 필자도 한 권의 책을 내본 경험을 갖고 있긴 하지만, 체계적으로 집필하기 위해 글쓰기·책쓰기 전문가의 코칭을 받고 있다.

변화 경영 전문가 구본형은 '1년에 적어도 한 권을 책을 내고, 10명의 연구원을 배출하고, 자신이 개발한 프로그램으로 절실한 젊은이들을 만나'고 조언한다. 필자도 이 책을 출간한 후에 교육 프로그램을 만들고 확장하여 창의력 과정을 개설할 계획을 갖고 있다.

마지막으로 창의적인 생산가는 딱딱한 지식만으로 성과를 낼 수 없으며, 설령 성과가 난다 하더라도 독자나 수강생들의 호응을 얻기 힘들다. 반복되는 일상에서 의미를 찾고, 작은 일에도 기뻐하며 즐거운 삶을 살아가야 감성의 폭이 커지고 감수성이 풍부해진다. 그 방법은 여행이 될 수도 있고, 가족과 함께 붉게 물든 단풍을 즐기는 고궁의 산책이 될 수도 있다. 혹은 먼지 앉은 시집을 꺼내 소리 내어 읽으면서 감정의 카타르시스를 경험하는 일이 될 수도 있다.

실제로 독자들이 원하는 건 체계화된 스토리텔링 기법이 아니라, 인생에서 겪은 일들에서 의미를 발견하고, 나만의 의미를 부여한 '리얼 스토리(Real story)'임을 잊지 마라. 반드시 거창한 이론이 담긴 대작을 남겨 출판계에 기적을 일으키지 않아도 된다. 다시 말해, 일상에 의미를 부여하는 글쓰기로 평범한 사람 역시 작가로의 변신이 가능하다는 뜻이다.

마지막 5장부터는 독자에서 저자가 되기 위한 여정을 안내한다. 드디어 아웃풋 독서의 확장편, 그중에서도 최상위 레벨이라 할 수 있는 책 쓰기 단계에 진입한 것이다. 전국에 있는, 주위에서 흔히 볼 법한 평범한 사람들이 출판 계약을 한 사례들이 등장하여 여러분의 부담감을 확 줄여줄 것이다. 열린 마음만 가지고 임하면 어려워 보이는 책 쓰기 작업 또한 술술 풀릴 것이다.

필자가 존경하는, 좀 느리지만 호소력 있는 중저음으로 울림을 주던 구본형 선생의 말을 마지막으로, 여러분을 아웃풋 독서의 마지막 관문으로 초대한다.

● "인생에는 여러 가지 길이 있다. 스스로 모색하여라. 헌신하고 모든 것을 걸어라. 그러나 그 길이 아니라 해도 실망하지 말거라. 앞에 다른 길이 나오면 슬퍼하지 말고 새 길로 가거라. 어느 길로 가든 훌륭함으로 가는 길은 있는 것이다."

– 구본형, 『나는 이렇게 될 것이다』 중

5장

작가의 꿈을
이뤄줄
책 쓰기
실전 시크릿

- 『어느 워킹맘의 인문학 사용 설명서』
가상 기획 과정 수록

01

책의 탄생 과정을
역추적하라

〔기획 아이디어 발견〕

"책은 두 번 태어난다.

출판사가 기획할 때 태어나고

작가가 집필할 때 다시 태어난다."

 책의 본질을 제대로 이해하기 위해서는 책이 탄생하는 과정을 역
으로 추적하여 출생의 비밀부터 밝혀볼 필요가 있다. 두 번이나 태
어난 기구한(?) 운명을 파헤치는 건 막장 드라마의 단골 메뉴인데!
책이 가진 출생의 비밀을 캐내다 보면 막장 드라마로 가는 느낌을 지
우기 어렵기에 꼼수를 부리지 않고 정공법으로 접근하도록 하겠다.

 여기서는 독자의 입장을 고려하여 책의 탄생이라는 가상 기획 과
정을 공유함으로써 책의 출생 비밀을 파헤치려 한다. 비밀의 문을 열

기 위해 합리적인 기법을 도입할 것이다. 이는 〈범죄의 재구성〉(2004)이란 영화에서 착안한 기법이다. 일명 '되감기(Rewind) 기법'을 적용하여 '출판의 재구성'을 시도해보는 것이다.

지금부터 우리는 출판 기획자의 렌즈를 통해 책의 본질을 파악하는 데 주력하려 한다. 역지사지(易地思之)를 해보는 것이다. 출판사는 최신 트렌드를 읽고, 출판 기획을 해놓은 상태에서 합당한 저자를 끊임없이 물색한다. 출판 기획자는 자신이 생각하고 있는 콘셉트와 비슷한 출판 제안서나 원고가 걸려들기를 기다린다.

예비 저자들은 대개 자신의 원고가 이 정도면 충분하다는 자부심을 갖고 있다. 하지만 본인에게는 아무리 고귀한 기록물이라 한들 출판 관계자들의 기획 의도와 출간 방향에 부합하지 않으면 영원히 서랍 속에서 기나긴 잠을 자게 될 수도 있다. 따라서 그렇게 긴 잠에 들기 전에 돌다리도 두들겨보고 건너면 안전하다는 심정으로 자신의 원고와 제안서를 다시 한번 검토해보기 바란다.

독자 입장에서 저자로 거듭나기 위해 출판사를 상대로 제안서를 작성하거나 집필 방향을 정하는 건 결코 쉬운 일이 아니다. 특히 처음 해보는 경우엔 어디서부터 손을 대야 할지 그저 막막할 뿐이다. 그럴 때는 '이 책의 독자가 오직 한 사람이라면 과연 누구일까?'를 곰곰이 따져보면 실마리를 좀 더 쉽게 잡을 수 있다. 출판 기획자는 이를 '타깃 고객' 설정이라고 부른다. 즉, 이 책은 누구를 위해 쓰일 것이고, 이 책을 누가 살 것인지 정의하는 과정이다.

맞벌이를 하고 있는 독자나 예비 저자라면 맞벌이 주부가 회사 일, 집안일, 육아를 병행하면서 얼마나 바쁘게 살아가는지 이미 너무나 잘 알고 있을 것이다. 필자의 아내도 맞벌이를 하면서 너무 바쁜 나머지 점심을 먹을 시간조차 없다고 하소연할 때가 많다. 그 와중에 일분일초를 쪼개가며 자기 계발 시간을 확보하는 건 하늘의 별 따기만큼이나 어렵다. 그렇다면 지금부터 맞벌이 주부의 자기 성찰과 성장을 돕는 자기 관리나 자기 계발이라는 주제로 책 쓰기 여행을 떠나보자.

어느 날 두 아이를 둔 맞벌이 주부이자 대한민국 보통 맘(Mom)이 가출을 했다. 그녀는 평소에 남편과 사이도 좋았고, 아들딸을 잘 키우며 회사에서도 나름 인정받고 지냈던 슈퍼 우먼이다. 잠깐! 막장 드라마의 스토리를 예상하지 마라. 그녀가 가출한 이유는 막중한 가사 노동으로 온전히 혼자만을 위해 보내는 시간을 잃어버렸다는 데 있었다. 그리하여 시간의 자유가 주는 행복을 찾아 유유히 사라진 것이다. 남편에게 이 한 장의 메모만을 남긴 채.

'10년 동안의 가사 노동 임금을 계산해서 지불하라. 그러면 가정으로 복귀하겠다!'

이런 상황에서 '화성에서 온 남자'들은 '금성에서 온 여자'들의 마음을 이해하지 못한다. 순진한 남편은 10년 동안 아내의 가사 노동 시간의 가치가 얼마인지 계산해본다. 그러면서 한편으로는 몰래 감춘 비상금으로 충분히 이 상황을 해결할 수 있으리라 믿는다.

그러다 인터넷에 접속하여 관련 자료를 찾아본다. 그런데, 이게 웬걸? 2008년 한국여성정책연구원이 추정한 바에 따르면, 초등학생 한 명과 미취학 아동 한 명을 키우며 하루 12시간 가사에 전념하는 전업주부의 월급은 약 370만 원이라고 한다. 이를 연봉으로 환산하면 4,452만 원 수준이다.

헉하고 말문이 막힌다. 전업주부의 12시간 가사 노동 기준 연봉이 4,452만 원이라니! 맞벌이 주부의 평균 가사 노동이 4시간이라는 점을 감안하여 위의 기사에 나온 연봉을 (12시간을 기준으로 한 계산이므로) 3으로 나누면, 1년간 받아야 하는 연봉은 약 1,484만 원, 그러므로 10년간 아내가 받았어야 하는 돈을 계산하면 다음과 같다.

1,484만 원 × 10년 = 1억 4,840만 원(약 1억 5,000만 원)

1억 5,000만 원!!! 그렇다면 가출한 아내는 정말로 1억 5,000만 원을 달라고 시위하는 걸까? 머리가 복잡해진 남편은 여성 잡지들을 뒤지기 시작한다. 다행히(?) 맞벌이 주부의 시간 관리에 관한 기사의 내용이 현실적이지 않다는 댓글이 많이 달려 있었다. 남편은 여전히 아내가 가출한 이유가 막중한 가사 노동으로 자기 성찰과 성장의 시간을 잃어버린 데 있음을 알아차리지 못한다. 때로 '남편은 남의 편'

이라는 말이 허언이 아님을 확인할 수 있는 대목이다. 여기서 아웃 풋 독서가는 남편도 알아차리지 못한 워킹맘의 숨겨진 고민과 자기 계발 욕구를 발견하고 현실적인 대안을 제시할 수 있어야 한다.

또한, 우리는 이 대목에서 '맞벌이 주부의 성장을 위한 자기 관리나 자기 계발' 콘셉트를 잡는 데 중요한 팁이 있음을 알아차려야 한다. 이미 출판된 경쟁 도서 외에 여성 잡지나 신문 기사를 볼 때는 밑에 달린 '댓글'까지 확인해야 한다는 것이다. 평소에는 아무 의미 없이 넘겨 보던 잡지일지라도 맞벌이 주부들의 자기 관리나 자기 계발에 대한 니즈를 제대로 파악하기 위해서는 평소보다 깊이 탐색해볼 필요가 있다.

그런데 '맞벌이 주부의 자기 관리나 자기 계발'이라는 주제는 범위가 너무 넓어서 당장 손에 잡히는 콘셉트를 생각해내기가 힘들다. 여기에는 단계적인 접근이 필요하다. 위 사례를 통해서는 맞벌이 주부가 자기 계발을 하기 위해 당장 여유 시간부터 확보하는 게 중요하다는 점에 주목할 수 있다. 가사 노동 시간 외에 적정한 시간을 확보하는 일이 맞벌이 주부들의 자기 계발에 있어 선행조건임 셈이다.

시간이란 주제에 초점을 두고 포털 사이트에서 '맞벌이 주부 가사 노동 시간'이라는 키워드로 검색하면 다양한 자료들을 볼 수 있다. 자료를 찾아 확인하는 과정도 중요하지만, 그 기사나 자료들 이면에 있는 본질을 캐치해내는 자신만의 관점이나 통찰력이 훨씬 더 중요하다.

먼저 맞벌이 주부의 시간 관리와 관련된 기사 내용을 살펴보자. '1시간 일찍 일어나기, 스마트폰으로 하루 스케줄 관리, 다이어리 사용, 식재료 1주일분 미리 준비, 아이 자는 시간 활용, 장보기 어플 활용, 수첩에 타임 테이블 활용, 엄마와 아이의 시간 분리' 등 다양한 팁들이 제시되어 있다. 거의 다 이미 들어보았거나 많은 주부가 쓰고 있는 기술이라 그런지, 기사 댓글은 대부분 시큰둥한 반응이었다. 그런데 그 와중에 남편의 가슴을 뜨끔하게 하는 말이 가장 위에 베스트 댓글로 올라와 있었다. 그것은 맞벌이 주부들의 시간 관리 기법에 대한 호불호를 가르는 성격의 글이 아니었다.

- "퇴근하는 남편이 부담스러움. 남편은 이제 퇴근이니 집에 쉬러 오겠지만, 난 퇴근도 못 했는데 손님이 한 명 더 찾아온 격. 아주 적극적으로 육아와 가사를 나누지 않으면 이 감정은 해소되지 않을 듯. 퇴근 후 쉬고 싶다면, 아이를 낳아서 '같이' 기르겠다는 생각을 버리고, 낳지 말고, 딩크족으로 살든지 남의 손에 키우든지 해야 함. (…) 아내가 엄마인 이상 남편도 아빠 역할을 똑같이 해야 분란이 안 생김. 애가 보고 듣고 있는 이상은 그리 해야 함."[9]

이로써 우리는 맞벌이 주부의 핵심 니즈가 시간 관리 기술보다는

---

9 '육아맘의 시간 관리 기술' 〈월간 베스트 베이비〉, 2015. 8월호 온라인 기사 댓글 중

'남편과의 대등한 육아와 가사의 분담 이슈'에 있음을 발견할 수 있다.

겉으로 보기에는 육아와 가사 분담에 관해 이야기하고 있지만, 그 이면에는 '남편과의 온전한 관계 회복 이슈'가 잠재되어 있음을 간파해야 한다. 따라서 우리는 타깃 독자에게 단순한 시간 관리 기법을 전할 게 아니라 맞벌이를 하면서 바쁘게 살아갈 수밖에 없는 근본적인 이유와 부부가 각자 추구하는 가치를 되돌아볼 것을 제안하는 게 좋다.

맞벌이를 하는 이유로는 부부가 같이 경제적인 활동을 함으로써 집을 사거나 자녀들의 사교육비를 감당하려는 목적 등 다양하다. 저임금에 허덕이며 생존을 위해 어쩔 수 없이 일하는 생계형 맞벌이도 많다. 필자의 경험에 비추어보건데 맞벌이를 하다 보면 너무나 바빠 부부간에 대화할 시간이 줄어든다. 피곤하다는 이유로 밤에도 이불만 덮고 바로 잠자리에 든다. 부부간의 소통이나 애정을 표현할 수 있는 기회가 점점 줄어들면서 관계가 소원해지는 느낌을 지울 수 없다. 아이와 대화하거나 놀아주는 시간도 상대적으로 줄어들어 자녀가 사춘기에 접어들면 서로 서먹해진다.

물론 이런 일련의 현상들이 다 맞벌이를 하는 데서 나타나는 건 아니다. 그럼에도 혼자 버는 외벌이에 비해 가족 간에 감정적·정서적 교류를 할 기회가 상대적으로 줄어드는 건 사실이다.

바쁘게 살다 보면 어느 순간 '나는 누구? 내 인생이 어디로 가고 있는 거지?'라는 생각이 훅 들어오면서 당황스러워지기도 한다. 남편과 자식들 뒷바라지를 해오던 헌신적인 아내가 자녀를 출가시킨 후 자신의 정체성에 혼란을 느껴 우울증에 빠지는 경우도 있다.

심리 상담소를 잠깐 방문하거나 힐링 여행을 떠나고 싶어도 맞벌이 주부는 직장에 휴가를 내야 하고 가게 문을 닫아야 한다. 설령 무리해서 그런 일들을 감행하더라도 아이들을 누군가에게 맡겨야 한다. 친정집이 가까우면 친정 엄마가 잠깐이라도 맡아주실 수도 있겠지만 그렇지 못한 경우가 더 많다.

이 상황에서 예비 저자는 출판 기획자의 관점으로 타깃 독자의 삶의 이면을 깊게 들여다볼 수 있어야 한다. 바쁜 일상 속에 매몰되어 맞벌이 주부가 겪고 있는 '정체성의 혼란'과 '멈춰버린 가족의 행복 시계'를 볼 수 있는 안목이 필요하다. 그 지점을 깊은 관심으로 파고들어 그에 대한 해결책을 제시함으로써 독자들의 공감을 이끌어내야 한다.

더 나아가 맞벌이 주부들이 삶의 근본적인 가치를 점검할 수 있는 기준이나 이정표로써 인문학적 접근 방법을 활용할 것을 제안해보는 건 어떨까. 경제활동과 가사, 육아를 동시에 수행하는 워킹맘이 바쁜 일상 중에서 자신의 정체성을 회복할 수 있는 현실적인 대안은 '독서'다. 그나마 인문 고전 독서를 통해 자신은 누구이며, 어떤 가치를 추구하면서 의미 있게 살아야 되는지를 깨달을 수 있다. 맞벌이 주부의 정체성을 회복할 수 있는 현실적인 대안으로 '인문학 공부'나 '인문 고전 독서'를 염두에 두고 다시 책의 콘셉트를 잡아보자.

'콘셉트'는 저자가 독자들에게 핵심적으로 무엇을 전달하고자 하는지 한마디로 정의하는 개념이자 문장이다. 지금까지 내용을 토대로 '맞벌이 주부의 성장을 위한 자기 관리나 자기 계발'이라는 큰 주제에서 '맞벌이 주부의 정체성 회복과 가족의 행복을 위한 인문학 프로젝트'로 콘셉트를 조정하는 것이 바람직하다. 자료 서치와 해석을 통해 맞벌이 주부의 자기 관리나 자기 계발 이슈가 단순히 효율적인 시간 관리만으로는 해결될 수 없다는 사실을 깨달았기 때문이다.

독자들도 일상과 연관된 자신만의 콘셉트로 독특한 분신들을 세상에 많이 배출하기를 기원한다.

02

타깃이 누구냐에 따라
경쟁 도서가 달라진다
[핵심 타깃 설정]

"지피지기 백전불태(知彼知己 百戰不殆)."

지식기반의 후기 정보화 시대가 성숙 단계로 접어들면서 자신만의 책을 출판하려는 예비 저자들의 관심이 어느 때보다 뜨겁다. 누구나 한 번쯤은 소망하지만 쉽게 넘을 수 없는 출판사의 벽! 하지만 너무 좌절하지 마시라. '적을 알고 나를 알면 백 번 싸워도 위태롭지 않다' 라는 『손자병법』의 황금률은 여기서도 통한다.

출판 제안을 하기 전에 해야 할 일은 무엇일까? 우선 각 출판사의 전문 분야나 책들의 출판 경향, 최근 기획 중인 책의 방향이나 주제에 부합하는 내용이 무엇인지 미리 점검해보는 게 좋다. 예를 들면 투고하고 싶은 출판사가 리더십과 성과관리, 어학 등 자기 계발과 관련된 실용서 중심의 출판사인지 자기 성찰, 인간의 본성 탐구, 고객

지향성 등 인문학 책 중심의 출판사인지 사전에 조사해보는 것이다. 투고를 할 때도 수백 개의 출판사에 무작정 원고를 뿌리기보다 자신의 책과 궁합이 맞을 만한 출판사에 투고해야 채택 확률이 높아진다.

이때는 출판 기획자 입장이 되어 집필 의도와 목적, 원고의 주제와 핵심 내용을 제대로 어필하는 것이 관건이다. 다양한 경로로 새로운 작가와 참신한 원고를 찾고 있는 출판 기획자들에게, 어디서 많이 들어봄 직한 주제는 식상하다. 당신만의 생각과 경험을 바탕으로 차별화된 콘셉트를 제시함으로써 출판 기획자에게 통하는 방식으로 접촉하라.

차별화된 콘셉트로 타깃 독자를 분명히 설정하고 이를 제목, 목차와 유기적으로 연결하라. 또한 자신의 원고가 경쟁 도서와 확실한 차별점이 있음을 보여주어야 한다. 자신이 출판하고자 하는 주제와 핵심 내용에 대해 누구보다 이해도가 높다는 점을 제대로 어필해야 한다. 어떤 저자는 자신의 이력을 강조하는 데 열을 올리기도 하는데, 사실 작가의 화려한 프로필은 그다음 문제다. 특히 최근에는 평범한 사람들이 따라 하기 어려운 화려한 성공담에 대한 인기가 시들해진 편이다. 저자들의 아픈 이야기를 통해 위로를 받고자 하는 독자들이 많아졌기에 이러한 콘텐츠에 대한 선호도가 높다. 자신의 성공을 너무 과시하기보다 소소한 이야기 속에 묻어나는, 따뜻하고 진실된 내용의 원고가 출판 관계자들에게 호감을 준다.

출판사 담당자들이 선호하는 작가 스타일은 따로 있다. 자신이 집필하고자 하는 방향에 대한 확신이 있고, 열린 사고로 출판사와 협력하고자 하며, 핵심 주제를 뒷받침할 다양한 경험과 구체적인 사례를 원고 곳곳에 적절하게 배치하는 센스 등이 예비 저자의 필수 조건이다.

원고가 다 완성되지 않은 상태에서 출판 제안을 하는 경우에는 특히나 틀에 박힌 식상한 스토리나 과장된 표현, 비속어 등은 반드시 피해야 한다. 최신 트렌드를 반영하면서도 참신하고 진솔한 내용의 제안서와 원고를 보내야만 출판의 기회를 붙잡을 수 있다.

예비 저자의 입장에서는 자신의 원고가 소중한 보물과도 같지만, 영리 기업인 출판사의 입장에서 원고 선택에 심사숙고해야 하는 건 매우 당연하다. 원고가 저자에게는 분명 소중한 기록물이겠지만, 출판의 단계로 넘어가면 하나의 '상품'으로 바뀐다. 출판사에서 책을 출판할 때, 대개 1쇄(2,000~3,000부)를 찍는 데 약 3,000만 원의 비용이 든다. 팔리지 않으면 고스란히 창고에 장기 재고로 쌓여 출판사가 그 손실을 떠안아야 한다.

우리가 3,000만 원 정도에 해당하는 제품을 구매할지 말지 결정하는 비슷한 상황을 떠올려보자. 3,000만 원 정도의 자가용을 살 때 우리는 자동차 메이커별로 성능, 가격, 편의성, 내구성, 애프터서비스 등 다양한 요소를 고려한다. 어느 정도 마음에 드는 차가 있어도 경쟁사 차량과 항목별로 비교해서 장단점을 세세히 따져보고 신중하게 구매를 결정하게 마련이다.

마찬가지로 출판사에서도 예비 저자의 원고를 검토할 때 기존의 출판된 다른 비슷한 책들과 비교하면서 독자들에게 어필할 수 있는 차별성이 있는지를 본다. 필자도 첫 번째 책을 내고, 출판사에 원고 없이 간단하게 책의 핵심과 콘셉트를 중심으로 정리한 출판 제안서를 몇 차례 보낸 적이 있다. 보통 일주일 후에 편집자로부터 답변이 왔는데, '시장 조사를 해보니 출판하기에는 적합하지 않을 것 같다'는 회신을 받기도 했다.

예비 저자의 입장에서 출판사 관계자처럼 전문적인 시장 조사를 하는 건 현실적으로 어렵다. 그러나 간략한 경쟁 도서 분석을 통해 자신이 내고자 하는 책의 콘셉트나 주제가 기존의 책들과 어떤 차별성이 있는지는 확인할 수 있다. 지피지기 백전백승(知彼知己百戰百勝)! 경쟁 도서를 알고 내 책을 알면 백 번 싸워도 백 번 이길 수 있다.

그렇다면 어떻게 해야 시장성이 있는지를 판단할 수 있을까? 이때 '경쟁 도서'는 자신의 책을 비춰주는 거울의 역할을 한다. 경쟁 도서를 검토해본다 함은 독자들에게 본격적으로 선보이기 전에 자신의 책을 점검하는 과정이라고 이해하면 된다. '맞벌이 주부의 정체성 회복과 가족의 행복을 위한 인문학 프로젝트'라는 예비 콘셉트로 경쟁 도서를 간략하게 분석해보기로 하자.

우선적으로 고려할 요소는 '누구를 위해 책을 쓸 것인가'라는, 기본적이고 근본적인 질문에 답하는 일이다. '맞벌이 주부의 정체성 회복과 가족의 행복을 위한 인문학 프로젝트'의 타깃 독자를 맞벌이 주부에서 독자 전체로 확장하면 어떻게 될까? 이 경우, 대중들에게 사랑받았던 인문 고전 중심의 자기 계발서, 이름만 들어도 오금이 저리는 이지성 작가의 『리딩으로 리드하라』(차이정원)나 최진기 작가의 『인문의 바다에 빠져라』(스마트북스)와 경쟁해야 한다. 이처럼 타깃 독자의 범위를 넓히면 경쟁 도서가 급격히 많아지고, 책의 콘셉트도 애매해지는 결과를 초래한다.

이렇게 일반인 전체로 타깃 독자를 확대하면 예상 독자층은 많아질 수 있지만 누군가에게, 특히 맞벌이 주부와 반대 입장에 서 있는 맞벌이 남편들에게는 무의미한 책이 될 수도 있음을 간과해서는 안 된다. 2015년 통계청 자료에 따르면, 맞벌이 가정의 하루 평균 가사 노동 시간이 남성은 40분, 여성은 3시간 14분으로 하늘과 땅 차이다. 이러한 통계를 보더라도 맞벌이 남편들보다는 '맞벌이 주부들'이 처해 있는 상황에 주목하여 이들에게 적용 가능한 대안을 제시해야 경쟁력을 갖출 수 있다.

물론 (가부장제의 오랜 전통의 폐단이나 다른 이유로) 맞벌이 주부의 가사 노동 시간을 줄이기 어려운 상황에 있을 수도 있다. 그런 경우에는 우선 여유 시간을 확보하고 가치 있게 사용할 수 있는 구체적이고 실천 가능한 방법이 책 내용에 포함되어야 한다. 예를 들어 가족들이 잠든 이후, 즉 밤 12시부터 새벽 2시까지 가치 있는 일을 할 수 있는 여유 시간을 확보하라는 제안을 하는 것이다.

그렇게 제안한 후에야 비로소 독서나 명상, 글쓰기, 블로그, 신문 기사 보기, 가계부 정리 등 가치 있는 일을 하라는 의견이 공감을 얻을 수 있다. 단, 줄어든 수면 시간으로 피곤을 초래할 수 있다는 점도 고려해야 한다. 따라서 4시간만 자도 아침이 개운한 수면법에 관한 내용도 포함시키면 추가적인 경쟁력이 생긴다.

또한, 우리의 타깃 독자는 주부들에게 인기 있는 육아서의 독자들과는 다르다. 베스트셀러 『닥치고 군대 육아』(RHK)나 『불량 육아』(무한)는 자녀교육 분야에 속해 있어 우리의 책과는 완전히 다른 영역일 뿐 아니라 타깃 독자의 니즈도 다르다.

지금부터 경쟁 관계에 있는 도서와의 비교를 통해 '맞벌이 주부의 정체성 회복과 가족의 행복을 위한 인문학 프로젝트'의 콘셉트를 구체화해보기로 하자.

경쟁 도서를 분석할 때는 구글 검색이 유용하다. 구글 검색창에 '워킹맘의 인문 고전'을 입력하면 연관 내용들이 쭉 검색된다. 중간쯤 가면 『짬 내서 읽고 쓴 인문학 독서 레터』(렛츠북)라는 경쟁 도서를 만나볼 수 있다. 이로써 누군가 이미 '워킹맘의 인문학'에 대한 아이디어를 내고 출판 기획을 했다는 사실을 확인할 수 있다. 이제 온라인 서점에 올라와 있는 책 소개를 보면서 자신이 쓰고자 하는 책의 타깃 독자와 어떻게 다른지 확인하면 된다.

책 소개를 통해 유추할 수 있는 타깃 독자는 다음 페이지에서 소개하는 바와 같다.

1. 출퇴근 시간에 책을 읽고 점심시간을 쪼개어 쓴 인문학 독서 레터

2. 책 읽을 시간이 없는 '30대, 직장인, 아기 엄마'라는 3대 악조건에 저질 체력과 전무후무한 기본기를 갖춘 저자가 자신의 부족함을 드러내지 않고 용감하게 써 내려갔다.

3. 그렇게 완성된 독서 레터를 하루 분량만큼 읽어나가길 권한다.

'인문학 독서 레터'와 '하루 분량만큼'이라는 말을 염두에 두고 목차를 살펴보면 된다. 경쟁 도서의 전체 내용을 다 읽어보는 게 최선이지만, 앞서 말했듯 목차로도 책의 내용을 충분히 예측할 수 있다. 이 말은 당신이 책을 쓸 때도 독자들이 책의 전체 내용을 예상할 수 있도록 목차를 짜야 된다는 의미이기도 하다.

경쟁 도서의 개략적인 분석을 통해 다음 꼭지에서 다룰, 목차 구성에 대한 감을 미리 잡아보도록 하자.

● 『짬 내서 읽고 쓴 인문학 독서 레터』의 주요 목차

  1부 : 독서레터의 시작

  2부 : 두려운 독서 – 독서법

  3부 : 고전철학

4부 : 전쟁과 문학

5부 : 한국사 편

6부 : 한국 문학

7부 : 일본·중국 문학

8부 : 서양 문학

9부 : 독서의 실천

이 책은 워킹맘 박 대리가 자신만의 독서법으로 출퇴근 시간에 책을 읽고 점심 시간에 정리한 내용을 편지라는 형태를 차용하여 인문 고전 내용에 관해 전달한다. 따라서 '맞벌이 주부의 정체성 회복과 가족의 행복을 위한 인문학 프로젝트'의 콘셉트를 구체화하는 데 도움이 된다. 인문 고전의 독서 방법에 대해서 쓸 것인지 아니면 경쟁 도서처럼 본인이 읽고 정리한 내용을 독자들에게 전달할 것인지 가늠할 수 있기 때문이다. 경쟁 도서처럼 인문 고전의 내용을 전달하기 위해서는 예비 저자 본인이 이미 상당한 양의 인문 고전을 읽고 정리한 기록이 있어야 한다.

경쟁 도서를 분석함으로써 타깃 독자와 연관된 내용을 정하는 데 중요한 팁을 얻을 수 있다. 책 소개를 다시 한번 살펴보자.

● "책 읽을 시간이 없는 30대, 직장인, 아기 엄마의 3대 악조건에 저질 체력과 전무후무한 기본기를 갖춘 저자가 자신의 부족함을 드러내지 않

고 용감하게 써 내려갔다."

이는 저자 자신의 소개인 동시에 타깃 독자에 대한 의중을 동시에
드러내는 부분이다. 이 책의 타깃 독자는 책 읽을 시간이 없는 '30
대, 직장인, 아기 엄마'라는 3대 악조건을 갖춘 독자들이다. 물론 20
대, 40대, 50대 워킹맘이 읽을 수도 있지만, 기본적으로 30대 대리급
의 워킹맘을 떠올리며 이 책을 집필한 것이다. 저자를 꿈꾸는 독자
라면 실감나게 가상의 예비 독자를 떠올리면서 책의 콘셉트를 잡고,
집필 방향을 잡아보기 바란다.

03

타깃의 니즈를 파악해
목차를 재구성하는 비밀
[목차 구성]

'쉿! 지금부터 목차 재구성의 비밀에 대해서 이야기한다!'

이 외마디는 말하는 이의 상황과 의도에 따라 뉘앙스와 그 의미가 달라진다. '쉿!'이라는 말에서 벌써 입술에 손가락을 살짝 가져다대고 주의를 환기시키는 이미지가 떠오른다. 눈치챘겠지만, '남들이 들으면 안 되니 조용히 하라. 그러면 당신에게만 알려주겠다'는 의도가 깔려 있다. 그만큼 중요한 파트다.

그런데 사실 여기서 '쉿!'은 영어의 'Shit'에 가깝기도 하다. 다시 말해 이 말에는 '개뿔! 목차 작성의 비밀이라고? 목차 잡기 컨설팅을 받아도 그때뿐이더라. 웃기지 마, 그런 비밀이 어딨어? 목차 잡기가 얼마나 힘든데!'라는 불평불만이 담겨 있기도 하다.

이렇듯 '쉿!'이라는 말 하나로 여러 뉘앙스가 생기듯, 목차의 문장

안에도 외마디 소리 하나를 넣느냐 마느냐에 따라 글의 분위기가 바뀌고, 독자의 반응도 달라질 수 있다. 그래서 목차를 쓰는 작업이 부담스러운 것이다. 하지만 이제 여러분은 책 읽기에서 책 쓰기로 넘어온 창조적 지식 생산자로서 매혹적인 목차로 독자의 관심을 끌어당겨야 하는 단계에 진입했다.

'태산이 높다 하되, 목차 아래 뫼이로다.'

예비 저자에게 목차라는 산은 때로는 태산보다 높게 느껴진다. 그러나 너무 걱정하지 마시라. 지금부터 목차 재구성의 비밀을 밝혀 당신 앞에 놓인 목차라는 태산을 함께 훌쩍 넘어보겠다. 그런데, 필자는 목차 작성의 비밀이 아니라 '목차 재구성의 비밀'이라고 썼다. 여기에 진짜 비밀이 있다. 지금부터 앞서 계속 다루었던 대한민국 보통 아줌마들을 위한 '맞벌이 주부의 정체성 회복과 가족의 행복을 위한 인문학 프로젝트' 여행을 계속하려 한다. '목차 재구성의 비밀'이라는 열차를 타고!

맞벌이 주부들이 출근 전쟁을 치르는 아침 시간대를 찬찬이 들여다보면, 콘셉트를 목차로 구체화하는 단서를 찾을 수 있다. 문제가 발생하는 지점에 자신의 경험과 지식을 활용하여 해결책을 끌어내면 된다.

우선 타깃 독자(맞벌이 주부)의 상황에 주목해야 한다. 책에 대한 서평 내용보다 리뷰를 올린 블로거들의 삶을 관찰해보는 것이다. 이렇게 타깃 독자의 자기 관리나 자기 계발에 대한 핵심 니즈를 파악하여 목차로 전환할 수 있다.

먼저 잠재 타깃 고객, 즉 맞벌이 주부의 블로그를 한번 찾아서 읽어보자. 그들의 생생한 목소리를 들어보면 콘셉트를 목차로 변환하는 데 실마리를 찾을 수 있다. 맞벌이와 관련해서 자기 계발을 할 수 있는 선행 조건은 '효율적인 시간 관리를 통한 여유 시간의 확보'다. 여유 시간이 확보되어야 자신의 삶을 돌아보고, 명상이나 독서를 통해 삶의 의욕과 지혜를 충전할 수 있기 때문이다.

먼저 '시간 관리'라는 주제로 포스팅한 블로그를 통해 목차로 가는 실마리를 찾아보기로 하자. 시간 관리로 시작한다고 해서 꼭 시간 관리에 대한 책을 써야 한다는 말은 아니다. 시간 관리는 책의 방향을 잡기 위한 연관 검색 키워드 정도로 이해하면 된다. '아침 시간 관리'라는 주제로 주목을 받았던 책에 대한 맞벌이 주부 블로거 '지예맘'의 리뷰를 보면서 그들이 어떤 입장에 놓여 있는지 상식적인 수준에서 접근해보자.

시간 관리의 핵심은 한정된 시간 안에서 처리해야 할 일의 우선순위를 정하는 것이다. 아침 시간 관리 도서에 관한 리뷰를 읽으며 맞벌이 주부의 우선순위를 먼저 파악한다. 아래 글을 통해 맞벌이 주부의 시간 관리에서 고려해야 할 요소는 '수면 시간 조절', '육아를 포함한 집안일', '가치 있는 일'로 크게 나눠볼 수 있다.

● 집에서 자녀를 돌보면서 독서를 한다는 건 쉬운 일이 아니다. <u>잠을 포</u>

기하든지, 가사를 포기하든지, 가치 있는 일을 하면 좋지만 당장 눈앞에 닥친 현실부터 정리가 돼야 책이 눈에 들어온다. 마치 아이가 다 놀고 잠든 후에야 책을 보는 것처럼 말이다.

- 지예맘의 '텔레통신' 블로그[10] 중

그렇다면, 맞벌이 주부의 입장에서 가치 있는 일이란 무엇일까? 가치 있는 일의 속성이 무엇인지 알고 나면, 1차적으로 목차의 윤곽을 그려볼 수 있고, 책 집필 방향을 개략적으로나마 예상할 수 있다. 1차적이라는 말은 이후에 바뀔 수도 있음을 염두에 두라는 의미다.

● 자녀를 키우면서는 점점 올빼미족이 되다가 (…) 새벽 5시, 반찬을 만들고 택배를 시키고 나면 갈등이 된다. 조금 더 잘 것인가? 생산적인 일을 할 것인가(독서, 가계부 정리, 블로그, 기사 보기 등)? 잠을 자면 다음 날 컨디션이 좋지만 뭔가 마음속에 허전함이 남고, 책이라도 읽으면 다음 날 피곤하고 졸리지만 뭔가 마음속의 엔돌핀이 생긴다. 완전 몸 따로, 마음 따로구먼.

- 지예맘의 '텔레통신' 블로그 중

블로그에서 유추할 수 있는, 잠재 타깃 고객에게 가치 있는 일은

---

10 〔지예맘 네이버 블로그〕 http://blog.naver.com/vict1984

'독서, 가계부 정리, 블로그 활동, (신문) 기사 보기' 등이라 할 수 있다. 이것들은 전업주부들에게는 남편을 직장에 보내고 일상적으로 할 수 있는 일들이다. 하지만 맞벌이 주부에게는 별도의 시간을 마련해야 하는 일이므로 상대적으로 가치 있게 여겨질 수 있다.

맞벌이를 하는 필자의 아내도 설거지를 하면서 신문 기사를 볼 수는 없다. 아내 또한 설거지를 함과 동시에 텔레비전 볼륨을 크게 높여 뉴스를 시청한다. 자녀들의 식사 준비와 학습지 점검, 잡다한 집안일 등을 끝내고 겨우 밤 12시가 되어서야 잠이 든다. 독서, 가계부 정리, 블로그 활동 등 가치 있는 일을 할 수 있는 시간적인 여유나 정신적·육체적 여력이 거의 없다고 해도 무방하다.

가치 있는 일을 하고 싶지만 '몸 따로, 마음 따로'라는 블로거의 솔직한 표현은 특정 개인의 하소연이 아니다. 실제 맞벌이 주부들이 직면하고 있는 안타까운 현실이다. 새벽 4시에 일어나서 아이 먹거리를 챙기고, 잠을 더 잘지 아니면 책을 읽거나 블로그 활동 등 가치 있는 일을 할지, 그게 바로 문제인 것이다!

우리가 주목해야 하는 건 블로거 타깃 고객이 맞벌이 주부의 딜레마를 풀기 위한 대안으로 아침 시간 관리와 관련된 베스트셀러를 활용했다는 점이다. 그 책의 핵심 포인트를 자신의 삶에 적용하는 방식으로 문제를 해결해보고자 했던 것이다. 과연 우리의 잠재 타깃 고객은 아침형 인간의 기적을 현실에서 이루어냈을까?

워킹맘인 타깃 블로거의 포스팅 내용을 종합해보면 이렇다.

'아침을 효율적으로 보낼 수 있는 방법을 알기 위해 제목이 좋아서 책을 샀다. 워킹맘에게 적용할 만한 적합한 사례가 없었다. 그럼에도 평범한 삶을 선택하려던 생각을 바꿔줘서 고맙다. 한편, 맞벌이 주부 입장에서는 왜 베스트셀러가 되었는지 의문이 생긴다.'

아침 시간의 활용도를 강조하는 책은 일반 대중에게는 통했기에 베스트셀러가 될 수 있었다. 한편 아침 시간에 매일 출근 전쟁을 치르는 맞벌이 주부에게는 상대적으로 그 책의 효용성이 떨어질 수밖에 없었다.

이제 아웃풋 독서를 완수하기 위해 역발상을 시도해보자. 잠시 머리를 복잡하게 만드는, 나만의 콘셉트와 목차라는 무시무시한 용어는 잠시 내려놓자. 단순무식(?)하게 생각 놀이를 즐겨야 만수무강에 좋고, 창의력도 향상된다. 생각나는 대로 필자와 함께 브레인스토밍을 해보자.

1. 아침 관련 내용은 그동안 너무 많이 들어서 식상하다.

2. 아침 말고 저녁 시간을 효율적으로 보내는 방법도 있을 듯.

3. 저녁 생활의 변화는 마음먹기에 따라 달라질 가능성이 있음 (자녀들을 빨리 재우면 됨).

4. 기적은 평생 일어날까 말까 하는 일이다. 일상의 작은 변화가 기적이다(습관의 힘).

5. 보통 저녁에 주부들이 가치를 두는 일은 드라마 시청이다(그 게 아니면 간첩이거나 텔레비전이 없다).

6. 아침을 깨우는 고문 같은 의식은 없지만 눈꺼풀을 들어 올려 줄 기제는 있다(블랙커피).

7. 나 홀로 독서에 몰입하는 기적의 저녁 시간! 클럽에 간 아줌마 도 귀가시켜 독서와 글쓰기에 빠지게 할 수 있다(고상하고 검증 된 행동 방식을 제시하면 된다).

아웃풋 독서가는 검증된 브레인스토밍의 결과에 만족하지 않는 다. 한 발짝 더 나아가 저녁 시간을 가치 있게 활용할 수 있는 방안 을 구체적으로 고민한다. 이 대목에서 맞벌이 주부에게 의미 있는 일 로 분류된 독서, 가계부 정리, 블로그, 기사 보기 항목을 다시 한번 들여다볼 필요가 있다.

맞벌이 주부가 어렵게 확보한 황금 같은 저녁 시간을 활용할 수 있 는 최적의 자기 계발 대안은 무엇일까?

다음은 앞서 창의적인 서평 사례(140~141쪽 참조)를 소개할 때 언 급했던 '보통엄마'의 블로그에 올라온 맞벌이 주부의 저녁 시간 활용 사례다. 생생한 현장감을 전하기 위해 가감 없이 내용을 게시하도록 하겠다.

● 오늘 완즌 계탄 날입니다.

따라다니면서 놀아달라는 큰아이가 누웠습니다.

밤늦도록 책 읽어달라고 쪼르는 둘째가

이미 한밤 중입니다.

나만의 놀이 시작입니다.

검정, 빨강, 파랑 볼펜과 노트는 필수입니다.

오래 전에 『아침형 인간』 책 읽고 따라 했다가

개망한 1인입니다. 저에게는 안 맞데요.

저는 야시꾸리한 밤이 어울려요.

11시부터 2시까지가 좋더라고요.

그래서 전 매일 '미라클 나이트' 합니다.

꼭 모닝이 아니면 어떤가요?

모닝이든 이브닝이든 우리 삶은

이미 '미라클'인걸요.

자신에게 맞게끔 하면 된다고 생각해요.

– 보통엄마 블로그 중

맞벌이 주부인 '보통엄마'가 준비한 삼색 볼펜과 노트는 책을 읽으면서 중요한 내용에 표시하고 노트에 필사를 하기 위한 준비물이다.

실제로 맞벌이 블로거인 '보통엄마'는 자신의 야간 독서 경험을 바탕으로 쓴, 맞벌이 주부의 인생을 통째로 바꿔놓은 독서법에 관한 책 출간을 앞두고 있다.

여기까지 맞벌이 주부들에게 유용한 시간을 확보하는 방향은 아침 시간보다는 저녁 시간대에 있음을 알게 되었다. 동시에 황금 같은 저녁 시간대를 가치 있게 활용할 수 있는 유력한 대안이 '심야 독서'라는 사실도 확인한 셈이다.

콘셉트를 구체화하여 목차를 작성하기 전에 관련 키워드들을 가지고 간단한 스토리를 써보는 게 좋다. 너무 잘 쓰려고 하지 말고, 생각나는 대로 부담 없이 10개 이하의 문장을 큰 흐름에 맞게 작성하면 된다. 인과관계의 기준만 염두에 두고 쭉쭉 써나가 보자.

1. 가족들이 행복하기 위해 맞벌이를 하는데, 시간에 쫓기듯 살고 있다. 나는 누구이며, 지금 어디로 가고 있는 걸까?

2. 시간에 쫓겨 정신없이 살다 보니 우선순위가 흐트러진다. 가족들이 행복하지 않은 것 같다.

3. 옆집 304호 아줌마는 맞벌이를 하면서도 하하호호, 그 이유가 궁금해졌다. 우잉? 인문 고전을 필사하고, 밥 먹으면서 토론을?

4. 남편과 함께해야 잃어버린 시간과 행복을 되찾을 수 있다(그러기 위해서는 남편과의 관계 회복이 우선이다).

5. 남편과 인문 고전을 공부하며 덤으로 연애 시절의 감정도 회복 중임. 가족 전체의 행복한 시간들을 다시 들여다봐야지.

6. 가치 중심으로 가족 전체의 시간을 재조정하니, 나만의 저녁 시간이 생겼다. 독서, 인문 고전 필사, 블로깅, 행복 가계부 정리를 해야지.

7. 인문 고전 공부로 행복의 선순환이 생겼다. 바쁘게 살다가 잃어버린 나 자신을 되찾고, 일상이 인문학의 행복한 놀이터가 되었다.

이제부터는 '현재의 문제점과 이슈 제기', '해결 방향 제안과 해결 방식 제시', '핵심 주제를 재차 강조'한다는 큰 흐름을 갖고 위의 밑줄 친 핵심 문장들을 목차에 재배치하면 된다. 핵심 문장의 재구성을 통해 다음과 같이 콘셉트와 제목, 부제목을 뒷받침하는 장 제목들을 만들어낼 수 있다. 지금부터는 각 장별로 무엇을 전하고자 하는지 세부적으로 설명해보겠다. 이를 통해 목차 재구성에 대한 감을 익히길 바란다.

콘셉트: 직장맘의 정체성 회복과 가족의 행복을 위한 인문학 프로젝트
제목: 어느 워킹맘의 인문학 사용 설명서

부제: 가족과 함께하는 행복한 인문학 프로젝트

〔목차〕

1장 쫓는 삶, 쫓기는 삶(개인) ──────── 장 제목

　　- 행복과 돈을 쫓는 삶
　　- 돈과 행복의 평행이론
　　- 시간과 돈의 불협화음
　　- 시간에 쫓겨 나를 분실하다　　　　　소제목
　　- 인문학, 쫓기다 마주친 그대　　　　　(꼭지)
　　- 멈춰도 볼 수 없는 인문학의 실체
　　- 인문학에 흠뻑 빠진 옆집 아줌마

　1장 '쫓는 삶, 쫓기는 삶'에서는 현재의 문제점을 부각시키고 독자들이 관심을 갖도록 이슈를 던졌다. 맞벌이 주부는 행복한 삶을 추구하며 더 많은 돈을 벌기 위해 일한다. 한편으로는 시간에 쫓기느라 피폐해진 삶의 모습을 최소한의 단어로 표현해야 한다. '쫓다, 쫓기다'처럼 상반되는 표현을 대비시키면 독자들의 관심을 끌 수 있다. 본래는 '행복을 쫓는 삶, 시간에 쫓기는 삶'으로 표현하려 했으나 호기심을 자극하고자 절제의 미를 활용하여, '쫓는 삶, 쫓기는 삶'으로 압축했다. 독자의 궁금증을 1장 제목에 연결되는 여러 개의 꼭지들로 해소해주면, 독자의 시선을 계속 붙잡아둘 수 있다.

　2장 '옆집 인문학 공부, 행복의 패스워드'에서는 바쁘게 정신없이 살다가 인생에서 소중한 가치들을 놓치면서 발생하는 문제점을 구체적으로 드러낸다. 동시에 인문 고전이라는 해결 방향을 넌지시 암시함으로써 독자들에게 해결책에 대한 기대를 심어주어야 한다. 가족의 감성 책임 담당자인 엄마의 정서가 흔들리면 가족 전체, 특히 자녀가 직접적으로 영향을 받는다. 일상에 매몰되어 시간에 쫓겨 사는 엄마의 정서가 흔들리고 가족 전체가 영향을 받으면 행복 전선에 빨간불이 켜진다.

　'가족의 멈춰버린 행복 시계'와 '인문학을 토대로 가치 중심의 삶을 사는 옆집'을 대조시켜 '행복의 패스워드'로 표현한다. 행복의 패스워드와 직접적으로 연결되는 키워드는 '시간, 자녀, 관계'라는 관점에서

가족 구성원의 삶을 되짚어주는 문구를 활용하여 장 제목을 뒷받침
할 수 있게 꼭지를 작성하면 된다.

3장 우리 집 인문학, 관계 회복의 미학(가족)
　　 - 옆집 304호의 인문 고전 선물
　　 - 인문 고전 독서, 관계 회복의 첫걸음
　　 - 남편 인문학, 남편은 남의 편? 내 팬!
　　 - 인문, 서로의 결을 느끼는 공부
　　 - 적과의 동침에서 인문 동맹으로
　　 - 인문 동맹, 가족의 재발견

　　3장 '우리 집 인문학, 관계 회복의 미학'에서는 1, 2장에서 드러난
문제점에 대한 해결 방향이나 솔루션을 구체적으로 제시하는 단계
다. 여기서는 맞벌이를 하는 가정에서 공동 육아의 주체지만 공공연
하게 직무 유기를 하는 남편들을 인문 고전 공부에 동참시키는 것을
솔루션으로 제시한다. 물론 여전히 가부장 사회의 오랜 영향이 남아
있어 아내 입장에서 인문 고전 공부를 권유하기는 어려울 수도 있다.
그럼에도 생활 인문학의 토대는 남편과의 관계를 회복하여 부부가
동시에 건전한 가치관에 근거한 삶을 사는 데 있다. 남편을 인문 고
전 프로젝트에 동참시키기 위해, 아내가 먼저 스스로를 인문의 기초

위에 단단히 세워가야 한다.

　연결되는 세부 꼭지에서는 남편 이전에 남자의 기본 심리를 이해하고, 남편의 입장에서 공감대를 형성해야 한다. 생활 인문학으로 남편과 친밀한 관계를 회복하고 정신과 육체의 일치를 추구하는 내용으로 구성하여 장 제목을 뒷받침한다. 기본적인 목표는 잠정 파업 중인 남편의 정신 노동력을 유인하여 부부의 가치를 한 방향으로 집중시키는 데 있다. 부부간의 온전한 관계 회복은 수신(修身)에서 제가(齊家)로 나아가는 출발점이기도 하다.

　　4장　행복·가족 중심 인문 프로젝트(가족)
　　　－ 가치 중심 시간 사용 명세서
　　　－ 텔레비전을 끄고, 인문을 켜다
　　　－ 밥상머리에서 고전을 먹다
　　　－ 하브루타, 고전을 부르는 마법
　　　－ 감사 일기에 담은 고전의 향기
　　　－ 가족의 행복 가계부 쓰기
　　　－ 일상은 행복한 인문의 놀이터다

　4장 '행복·가족 중심 인문 프로젝트'에서는 남편뿐만 아니라 가족 전체의 시간이 인문 가치를 중심으로 어떻게 사용되고 있는지를 분석한다. 이후 지속적인 행복을 유지하기 위한 삶의 우선순위 선정 전략과 실제 적용 가능한 사례를 제시하는 데 집중한다. 또한 가족의 행복과 관련하여 (인문 고전에서 건져 올린 기준으로) 가족 전체의 시간 사용 명세서를 작성할 것을 권한다. 그리고 가족 구성원 간에 인문 고전을 바탕으로 소통과 토론의 시간, 감사의 가치를 나누는 시간 등을 균형 있게 배정한 실제 사례를 소개한다. 일상에서 텔레비전을 끄고, 독서나 다양한 문화 활동을 통해 의미를 추구하며, 본연의 모습을 회복하는 팁들도 제시한다.

더불어 저자 자신이 직접 활용하여 효과를 본 기법이나, 다른 주부 혹은 행복 전문 코치들이 실제로 이 해결책을 삶에 적용했던 사례를 활용한다. 정리하면, 4장은 독자들에게 '가치 중심의 행복 유지 솔루션'을 구체적으로 제시하는 단계다.

5장 함께 홀로서는 시간, 인문 고전 나이트(개인)
- 가족 전체의 홀로 시간 찾기
- 모두 잠든 후, 나만의 인문 고전 나이트
- 혼술(혼자 술 홀짝)보다 혼독(혼자 독서)하라
- 고전 필사의 기적, 내 인생 드라마를 쓰다
- 행복 사용 설명서, 고전 공부가 가져다준 선물
- 인문으로 우뚝 선 여인, 여기 잠들다

5장 '함께 홀로서는 시간, 인문 고전 나이트'에서는 남편이 인문 고전 공부에 동참하고, 시간에 대한 관점을 가족 전체의 가치를 중시하는 방향으로 조정함으로써 확보된 여유 시간을 어떻게 생산적으로 쓸 것인지 제안한다. 제목과 직접적으로 연결된, 이 책의 핵심이 되는 장이라고도 할 수 있다. 물론 상황에 따라서는 인문 공부에 동참시켜 부부간의 관계를 회복하는 부분이 더 중요할 수도 있다. 그럼에도 책의 기본 콘셉트가 '직장맘의 정체성 회복과 가족의 행복을 위한 인문학 프로젝트'이기에 이 부분을 흐름상 마지막 장에 배치하였다. 연결되는 꼭지에서는 맞벌이 주부가 저녁 여유 시간을 활용하여 인문 고전 공부를 통해 몸과 마음을 단단하게 만들 수 있는 생산적인 활동이 무엇인지 제시하면 된다.

목차는 독자들에게 나침반이나 내비게이션처럼 책의 내용이 나아가야 할 방향을 알려주는 길잡이 역할을 한다. 목차의 장 제목만 연결해서 읽어봐도 내용이 연상되도록, 물 흐르듯 자연스럽고 긴밀하게 구성하면 된다. 자기가 책으로 쓰고 싶은 주제를 친구나 연인에게 이야기하듯 스토리로 적어놓고 키워드들을 뽑아서 살을 붙여보라. 목차를 잡는 일은 분명 어려운 게 사실이지만, 꾸준한 연습을 통해서 소기의 목적을 달성할 수 있는 영역이기도 하다.

콘셉트 : 직장맘의 정체성 회복과 가족의 행복을 위한 인문학

　　　　프로젝트

제목 : 어느 워킹맘의 인문학 사용 설명서

부제 : 가족과 함께하는 행복한 인문학 프로젝트

1장 쫓는 삶, 쫓기는 삶 (개인)

　　– 행복과 돈을 쫓는 삶

　　– 돈과 행복의 평행이론

　　– 시간과 돈의 불협화음

　　– 시간에 쫓겨 나를 분실하다

　　– 인문학, 쫓기다 마주친 그대

　　– 멈춰도 볼 수 없는 인문학의 실체

　　– 인문학에 흠뻑 빠진 옆집 아줌마

2장 옆집 인문학 공부, 행복의 패스워드 (가족)

　　– 인문 고전 공부, 304호 행복의 비밀

　　– 나의 맞벌이, 쫓기는 시간에 쫓겨난 행복

　　– 방치된 자녀, 인문 고전에 눈길을 주다

5장 함께 홀로서는 시간, 인문 고전 나이트 (개인)

- 가족 전체의 홀로 시간 찾기

- 모두 잠든 후, 나만의 인문 고전 나이트

- 혼술(혼자 술 홀짝)보다 혼독(혼자 독서)하라

- 고전 필사의 기적, 내 인생 드라마를 쓰다

- 행복 사용 설명서, 고전 공부가 가져다준 선물

- 인문으로 우뚝 선 여인, 여기 잠들다

04

각 장마다
무엇을 얼마만큼 쓸 것인가
[내용 구성]

"뛰어난 예술가는 모방하고, 위대한 예술가는 훔친다."

문화인류학자 김정운은 그의 저서 『에디톨로지』에서 "편집이 곧 창조"라고 주장한다. "세상 만물이 끊임없이 구성되고, 해체되고, 재구성된다"고 하면서 창조적인 재조합의 중요성을 강조한다. 마찬가지로 책을 쓸 때도 먼저 다른 책에서 건져 올린 '핵심지식, 간접체험과 사례'를 준비해야 한다. 책 쓰기는 자신의 경험과 독특한 관점에서 건져 올린 해석을 결합하여 새롭게 정의한 내용을 독자들과 공유하는 일련의 작업이다.

책을 쓰는 데 있어 지식의 재구성 원리만 터득하여 이를 적용하면 일정 부분은 기계적인 작업이 될 수 있다. 그러나 여기에 저자의 독특한 관점에서 해석하는 능력을 덧붙이면 창의적이고 창조적인 작업으로 변모한다. 다만, 문학적인 감수성이나 상상력이 많이 요구되는 시, 소설, 수필과 같은 문학 작품은 실용서 집필과는 달리 별도의 작법이 필요하다. 물론 시나 소설도 일반인이 쓸 수 있지만 작품의 완성도를 높이기 위해서는 별도의 작법이 필요하다는 것이다. 지식의 재구성 원리를 알고 일정 기간 연습하면 누구나 저자가 될 수 있음을 명심하라.

제대로 된 글을 쓰기 위해서는 지식의 재구성 원리를 이해하고 이를 쓰기에 적용해야 한다. 재구성을 한다 함은 곧 책에도 기본적인 구조가 존재한다는 사실을 전제로 한다. 구조란 말이 부담스럽다면 건축물의 설계도나 조립식 장난감에 들어 있는 전개도 혹은 조립 순서가 적혀 있는 설명서를 떠올리면 된다.

큰 틀에서 책의 기본적인 구조 혹은 설계도는 장 제목과 꼭지로 이루어진 목차라 할 수 있다. 『어느 워킹맘의 인문학 사용 설명서』의 경우 총 5개의 장과 33개의 꼭지로 이루어져 있다. 꼭지별로 A4 용지에 글자 크기 10~11 포인트를 기준으로 3쪽을 쓴다고 가정하면 총 99장, 여기에 제목과 목차 1쪽을 더하면 대략 '초고 100쪽'이 완성되는 것이다.

원고를 쓸 때는 계속해서 제목과 부제, 장 제목의 큰 흐름을 염두에 두면서 중심 주제가 유지되도록 의식적으로 신경을 써야 한다. 큰흐름을 고려하지 않고 장 제목에 달려 있는 꼭지들을 쓰다 보면 삼천포로 빠진다. 그러면 시간을 들여 열심히 쓴 것을 고쳐 쓰거나 다시 써야 하는 불상사가 발생한다. 한 꼭지를 쓰는 데도 꼬박 두세 시간이 걸리니, 이런 사태를 방지하려면 반드시 큰 흐름을 의식해야 한다.

아래 제시된 제목, 부제, 장 제목을 명함 크기로 프린트하여 지갑에 넣어 돈을 꺼낼 때마다 보는 것도 좋다. 스마트폰으로 찍어서 컴퓨터 바탕 화면에 깔아놓고 수시로 보는 것도 하나의 방법이다. 자신에게 편한 방법을 선택하여 책 집필을 마칠 때까지 큰 흐름을 놓치지 말기 바란다.

제목: 어느 워킹맘의 인문학 사용 설명서
부제: 가족과 함께하는 행복한 인문학 프로젝트

1장 쫓는 삶, 쫓기는 삶 – 7꼭지

2장 옆집 인문학 공부, 행복의 패스워드 – 7꼭지

3장 우리 집 인문학, 관계 회복의 미학 – 6꼭지

4장 행복·가족 중심 인문 프로젝트 – 7꼭지

5장 함께 홀로서는 시간, 인문 고전 나이트 – 6꼭지

다음으로, 각 장별로 중점을 두고 써야 하는 부분을 두세 문장으로 정리할 필요가 있다. 이렇게 정리한 내용은 본격적으로 각 꼭지들을 작성할 때 기준점이 된다. 꼭지 제목들은 본문을 써나가다 보면

바뀔 수도 있다. 직접 쓰다 보면 꼭지 중 내용이 중복되기도 하고, 각 장 내에서 내용의 흐름상 자연스럽지 못한 부분이 생기기도 한다. 그럴 때는 목차에서 제외시킬 수도 있다. 집을 책에 비유한다면, 목차 꼭지를 넣었다 뺐다 하는 작업은 각 방의 인테리어 공사를 할 때 '공부방'이라는 특성과 콘셉트에 맞춰 소품이나 전등을 갈아 끼우는 일과 비슷하다고 이해하면 된다. 제외된 바로 그 자리에 다른 꼭지를 대체하거나, 다른 장에서 한 꼭지를 늘려서 쓸 수도 있다. 꼭지를 바꾸고자 할 때는 반드시 장별로 정리한 내용에 적합한 것을 취사선택해야 한다. 제목, 부제목, 장 제목, 장별 꼭지에 이르기까지 이 모든 것이 핵심 주제에서 벗어나지 않도록 유의해야 한다.

그렇다면 『어느 워킹맘의 인문학 사용 설명서』의 각 장은 어떤 역할을 하고, 어떤 내용으로 구성하는 게 좋을지에 대해서 간단히 정리해보겠다(앞 꼭지 '타깃의 니즈를 파악해 목차를 재구성하는 비밀'에 이 내용에 대해서는 더 상세히 나와 있으니 참조하길 바란다).

1장은 시간에 쫓겨 마음의 여유가 사라지면서 피폐해져가는 삶의 문제점을 부각시키고, 이러한 워킹맘의 현실을 인식시키는 내용을 글로 써야 한다. 독자들이 관심을 갖도록 이슈를 던지는 단계다.

2장에서는 바쁘게만 살다 보니 소중한 가치들을 멀리해서 발생하게 된 문제점들을 구체적으로 서술해야 한다. 해결 방향을 제시하고 독자들에게 해결책에 대한 기대를 심어주는 단계다.

3장에서는 1, 2장에서 드러난 문제점들에 대한 해결 방향과 인문학 공부에 남편들을 동참시켜 관계 회복을 하는 등의 솔루션을 구체적으로 기술해야 한다. 독자들의 공감을 유도하는 중요한 단계다.

4장에서는 가족 구성원들이 인문 가치 중심으로 시간을 사용함으로써 행복을 유지하게 만드는 삶의 우선순위 설정 전략과 실제 적용 가능한 사례를 구체적으로 기술하는 단계다.

5장에서는 가치 중심의 시간으로 조정함으로써 확보된 소중한 여유 시간을 생산적으로 사용하는 방법을 제안해야 한다. 맞벌이 주부가 저녁 여유 시간을 어떻게 의미 있게 쓸 수 있는지 구체적인 활동을 기술하는 단계다.

큰 틀에서 제목과 장 제목으로 집의 주초를 두고 기둥을 세웠으니, 이제 각 꼭지별로 본격적인 글쓰기 공사를 시작하면 된다. 각 장이 곧 거실, 부엌, 안방, 자녀 방, 욕실이라면, 지금부터는 각 공간의 특성에 맞게 세부적인 인테리어를 한다고 생각하면 쉽다. 집안 전체의 분위기에 벗어나지 않도록 신경을 써가면서 본격적인 꼭지 집필에 들어가면 된다.

결국 책 쓰기의 성패는 30여 개의 꼭지들을 제목, 장 제목과 연계하여 주제의 흐름에서 벗어나지 않게 써내는 데 달려 있다. 누차 강조하지만 각 꼭지의 내용이 아무리 좋아도 주제의 흐름에서 벗어난 '따로 국밥'이 되어서는 곤란하다. 각 꼭지들은 책이라는 비빔밥의 재료라고 생각하면 된다. 개별적인 재료의 특성이나 맛이 따로 존재하지만, 한 그릇에 비벼냈을 때 또 다른 독특한 맛을 내는 과정이라고 이해하면 쉽다.

작은 틀에서 꼭지의 기본 구조를 알면 글쓰기의 부담이 확 줄어든다. 꼭지를 구성하는 요소들을 이해하고, 거실에 가구를 배치하듯이 꼭지에 그것들을 순서대로 끼워 넣으면 그만이다. 글쓰기의 특성상, 쓰다 보면 언제나 벽돌이나 블록처럼 딱딱 맞아떨어지는 건 아니다. 그럼에도 무턱대고 A4 원고지 3매를 채우려고 책상에 앉았다가 막막한 나머지 시작조차 못하는 것보다는 낫다.

글쓰기는 창조적인 편집의 힘을 활용하는 기술이다. 꼭지의 구성요소는 저자가 주장하는 핵심 문장과 이를 뒷받침하는 문장과 사례, 인용 구절로 이루어져 있다.

꼭지의 첫 시작에서는 꼭지의 중심 주제와 연관 있는 명언이나 질문으로 독자들의 관심을 집중시킬 수 있다. 첫 문장을 쓰는 일은 항상 제일 힘들게 마련인데, 이러한 방법은 꼭지의 첫 물꼬가 트이듯 부담 없이 글을 쓰게 만든다는 장점이 있다.

그다음에 저자가 꼭지에서 강조하고자 하는 의견과 주장을 담은 핵심 문장을 쓰면 된다. 수려한 필체로 본문 내용을 다 채우면 좋겠지만 현실적으로 쉽지 않은 일이다. 독자는 저자가 개인적으로 펼치는 이론 위주의 글에는 크게 감명받지 못하는 경향이 있다. 대개는 저자의 '특수한 경험'이나 주장을 뒷받침하는 '사례', '스토리', '통계'에 더 관심을 가진다. 따라서 자신의 주장을 호소력 있게 독자들에게 전하기 위해서는 전문가들의 지혜를 빌린다고 생각하고 적극적으로 사례를 활용할 필요가 있다.

이때 사례, 스토리, 통계 등의 뒷받침 자료는 독자들이 쉽게 접할 수 없는 것일수록 효과가 크다. 누구나 아는 상식적인 자료는 독자들에게 깊은 인상을 남기지 못한다. 또, 사례와 다른 사례를 연결하여 하나의 스토리로 끌고 가면 독자들도 이해하기 쉽고 원고 분량을 채울 수 있다는 장점도 있다(사례 발굴에 관한 구체적인 방법은 다음 꼭지를 참조하길 바란다).

일반인들이 쉽게 접할 수 없고 생각해내지 못했던 글의 재료들을 충분히 확보해서 물 흐르듯 자연스럽게 연결하면 누군가의 삶에 영향을 줄 한 권의 책을 탄생시킬 수 있다. 결국 책 한 권을 써내는 일은 기본적인 구조를 만들고, 핵심 메시지를 돋보이게 하는 각종 사례와 자료의 창조적인 결합과 편집을 통해 이루어진다.

05
책 속 감초,
사례로 공감 극대화하기
〔사례 배치〕

사람들 앞에서 하기 어려운 말은 뒤에서도 하지 않는 게 상식이다. 사람들은 뒷담화의 은근하고 짜릿한 유혹에 자신도 모르게 입맛을 다시기 시작한다. '눈에 안 보이면 임금님도 욕하는 법'이라는 속담에 살짝 기대본다. 끝까지 입을 열지 않았던 사람도 그 유혹을 참지 못하고 마지막 남은 오징어 다리를 질근질근 씹어대듯 '뒷다마를 까기' 시작한다. 회사의 상사나 시어머니, 유명 연예인, 한 다리 건너 아는 친구의 친구 등 물불 가리지 않고 떠든다. 천지 사방에 침을 튀겨가며 뒷담화의 향연에 깊숙이 빠져든다.

뒷담화에 열을 올리다 입가에 마지막 한 방울 남은 침이 말라갈 즈음, '혹시 내가 안 보이면 그때부터는 저 날름거리는 혀로 내 뒤통수를 핥고 있는 거 아니야?'라는 생각이 스멀스멀 목덜미를 타고 올라 온다. 오금이 저려오고 살짝 등골이 오싹해진다. 뒷담화의 부메랑이 자신에게 되돌아와 얼굴과 이마를 칠지도 모른다는 불길한 예감이 온몸을 감싼다. 그런데 뒷담화는 몰상식한 사람들만의 전유물이 아니다. 지성과 교양이 흘러넘치는 독서와 글쓰기의 세계에도 고상한(?) 뒷담화는 엄연히 존재한다.

책을 읽다가 마주치는, 입맛을 당기는 '사례'들이 바로 중요한 메시지나 핵심 문장의 뒷담화 역할을 한다. 독서를 하다 보면 핵심 문장을 뒷받침하는 생생하고 흥미진진한 사례들에 솔깃해지고 시선을 떼기 어려워질 때가 있다. 참새가 방앗간을 그냥 지나칠 수 없듯이 사례가 주는 묘미를 한순간에 떨쳐버리기는 힘들다.

그래서 사례에 너무 빠져버리면 책의 중심 내용에서 벗어날 위험도 있다. 다른 사람들의 뒷담화에 빠져 헤어나지 못하고 자신의 중심을 잃어버리는 모양새와 비슷하다. 저자가 본문에 의도적으로 깔아 놓은 입맛 당기는 사례나 유려한 인용구를 한입에 물고 있노라면 은근히 낚인 듯한 기분도 든다. 사례의 미끼가 점점 물고기의 아귀를 파고들듯 독자의 마음을 사로잡는다. 맛깔나는 사례와 가슴 설레는 인용구에 사로 잡혀 있다 보면 독서의 속도가 조금씩 떨어지기 시작한다. 하지만 눈앞에 닥친 문제를 해결하기 위해서는 미끼에 걸린 낚시코를 떼어버리고 쏜살같이 도망치는 물고기처럼, 사례의 늪에서 재빨리 빠져나올 필요가 있다.

책의 핵심 내용을 파악하기 위해서는 상황에 맞춰 독서 속도를 조절할 줄 아는 테크닉이 필요하다. 주로 저자가 이끌어가는 중심 문장에 집중하여 읽고, 사례나 인용구는 과감하게 넘기는 결단이 필요하다. 사례나 인용구에 신경을 너무 쓰다 보면 옆집 불륜 뒷담화에 열을 올리는 어리석음에 처하게 된다. 건너편 옆 동 307호의 불륜 스토리는 예나 지금이나 드라마의 단골 주제 아니던가.

뒷담화는 '남이 하면 불륜이지만, 내가 하면 로맨스'라는 이중적인 성격도 지니고 있다. 건너편 307호 불륜 소문에는 쌍심지를 켜고, 마술사처럼 입으로 불을 뿜는다. 하지만 뒤돌아서는 순간, 이성에게 살짝 눈웃음치고, 드라마 작가처럼 자신의 불륜을 로맨스로 치부하는 이중성! 뒷담화의 양면성은 독서와 책 쓰기의 세계에서도 여실히 드러난다.

핵심 메시지의 중심을 유지하고 끝까지 끌고 가기 위해서는 불륜 같은 뒷담화에 해당하는 사례나 인용구는 미련 없이 건너뛰는 게 좋다. 실용서의 핵심 메시지나 중요한 문장을 뽑아내는 발췌 독서법을 적용하는 경우에는 특히 더 그렇다.

그러나 독자에서 저자로 입장이 바뀌면 상황이 달라진다. 전하고자 하는 딱딱한 핵심 메시지를 뒷받침할 말랑말랑한 사례와 고상한 인용구로 맛깔스러운 뒷담화를 구성해야 독자들의 관심을 끌 수 있기 때문이다. 아웃풋 독서가는 불륜 소재를 로맨스로 만드는 연애 기술자로 변신해야 한다. 연애의 대상은 일편단심 독자 한 사람이다.

글을 통해 독자와 달콤한 로맨스를 하려면 작가는 다양한 사례와 인용이라는, 액세서리와 소품 창고를 보유해야 한다. 핵심 문장의 성격에 잘 어울리는 것들을 하나씩 꺼내어 활용해야 하기 때문이다. 본문 내용이 반듯한 정장이라면 적절한 사례는 상황과 전체적인 의상 콘셉트에 잘 어울리는 머플러의 기능을 한다. 인용구 한마디는 정장의 긴장감을 풀어주고 포인트를 주는 브로치 역할을 한다. 즉, 본문 내용의 핵심을 강조하고 돋보이게 하는 순기능을 한다.

'나는 이 세상 그 누구보다 당신에게 관심이 있습니다.'라는 표현은 사실을 전달하는 다소 딱딱한 메시지다. 옷으로 치면 반듯한 정장이다. 반면에 '당신을 차마 바라볼 수 없어요. 내 눈 속에 당신이 들어와 눈이 멀었기 때문이죠.'라는 가사가 들어간 노래 덕분에 고백에 성공한 한 남자의 사례를 들면 독자의 관심을 끌어당길 수 있다. 상황에 맞는 적절한 사례는 정장에 걸쳐 계절감을 표현하는 머플러와 같다. 그때부터 독자 한 사람을 위한 달콤한 뒷담화의 분위기가 잡히기 시작한다.

'한 사람을 사랑하는 것은 두 사람을 사랑하는 것보다 어렵습니다.'라는 시구를 인용하는 순간, 독자는 고상한 뒷담화에 빠져들기 시작한다. 정장에 긴장감을 풀어주고 포인트를 주는 브로치처럼 적절한 인용구는 독자의 마음을 열어주고, 감동의 정점에 이르게 한다.

한편 본문 내용은 한여름 날의 모시옷처럼 선선하고 가벼운데, 물방울 다이아몬드가 박힌 잿빛 모자 같은 사례를 덧씌우는 모양새는 곤란하다. 그런 상황에서 묵직한 사례나 인용구를 끌어 쓰면 오히려 어색해질 뿐 아니라 의미 전달에 역효과만 난다. 이렇듯 글쓰기나 책 쓰기는 독자의 관심사를 밀고 당기는 미묘한 심리 게임이다.

그렇다면 어떻게 독자의 관심을 끌기 위한 사례나 인용구를 찾아 낼 수 있을까? 먼저 장 제목과 꼭지가 있는 목차를 프린트하거나 스마트폰으로 찍어서 휴대하고 다니는 게 좋다. 시간이 날 때마다 수시로 꺼내보면서 장 제목이나 꼭지에 있는 핵심 단어를 키워드 삼아 신문, 잡지, 포털 사이트, 연관된 주제의 논문을 검색해서 사례를 수집하면 된다. 어부들이 촘촘한 그물로 물고기를 잡아서 끌어올리듯 연관된 사례를 한꺼번에 많이 건져 올릴 수 있는 방식이 포털 사이트라는 정보 어장을 활용한 '쌍끌이 검색'이다.

여기서 검색 단어가 한 글자라도 바뀌면 검색 결과 또한 확연히 달라지기도 한다. 검색의 정확도를 높이기 위해 연관 검색어를 바꿔가며 꾸준히 연습하다 보면 좋은 사례를 건져낼 수 있다. 예를 들어 『어느 워킹맘의 인문 사용 설명서』의 선행 조건인 '맞벌이 주부의 시간 관리' 외에도 '맞벌이 주부의 시간 부족'이라는 말로 검색하면 ('시간 관리'와 '시간 부족'이라는 두 글자 차이지만) 겹치는 내용이 거의 없다. 이렇게 검색어만 달리해도 다양한 사례를 건져낼 수 있다. '타깃의 니즈를 파악해 목차를 재구성하는 비밀' 꼭지에서 인용한 블로그 사례도 '맞벌이 주부 시간 관리'라는 키워드로 건져 올린 내용이다.

지금부터 『어느 워킹맘의 인문학 사용 설명서』의 3장, '우리 집 인문학, 관계 회복의 미학'의 세부 꼭지, '남편 인문학, 남의 편? 내 팬!'

과 관련한 적절한 사례를 찾는 방식을 살펴보도록 하자. 이 꼭지에 대한 상황이나 개략적인 기본 메시지를 생각나는 대로 문장으로 적어보면 사례를 찾는 방법에 대한 실마리가 잡히기 시작할 것이다(아래는 필자가 맞벌이 주부 저자라는 가정하에 써본 글이다).

생활 인문학은 멀리 있지 않습니다. 일상 속에서 남편을 어떻게 대하느냐에 달려 있습니다. 남편이 해놓은 집안일이 마음에 들지 않더라도, 목구멍까지 올라오는 폭풍 잔소리를 세 번의 심호흡으로 일단 멈추세요. 멈추면 비로소 보이는 것이 있으니까요. 그런 다음 수고한(?) 남편에게 과거, 현재, 미래의 3단계로 이루어진 칭찬 세례를 베풀어보세요.
"여보 수고 많았어요(과거).
당신이 집안일을 도와주니 참 좋아요(현재).
앞으로도 잘 부탁해요(미래)."

해당 꼭지의 본문 내용을 이렇게 쓰면 분명 공감대를 끌어내겠지만, 독자들 입장에서 막상 실천하려면 머뭇거리게 될 수도 있다. 따라서 실질적인 실천을 유도할 수 있는 말랑말랑한 사례가 필요하다. 타깃 독자는 맞벌이 주부이므로, '사실' 위주의 제안보다는 '감성'을 자극하는 사례가 더 효과적이다.

사회적으로 능력 있는 남편들도 아내의 눈높이에 맞게 집안일을 제대로 해내는 경우는 드물다. 그냥 시키는 대로만 하면 되는데, 남편 맘대로 집안일을 한답시고 오히려 일거리를 더 만들어놓는 경우도 허다하다. 급기야 아내들은 속으로 '이럴 바에는 차라리 시키는 대로 잘하는 동물에게 집안일을 맡기는 게 더 낫겠다'는 생각에 이르게 된다.

이런 상황에서 밀리언셀러인 캔 블랜차트(Ken Blanchard)의 『칭찬은 고래도 춤추게 한다』(21세기북스)의 사례를 제시하면 주부 독자들의 공감을 불러일으킬 수 있다.

'다른 건 몰라도 우리 남편은 집안일 할 때만큼은 딱 돌고래 수준이지. 그래, 지금부터라도 남편이 집안일을 할 때만이라도 칭찬하면, 점점 더 잘할지도 몰라.'

주부 독자가 속으로 이런 생각을 하게 만들 수 있다면 제시한 사례는 가치 있다고 할 수 있다. 반면 칭찬이 뇌에 미치는 연구 결과나 남편을 집안일에 몰입시키는 배경 이론을 인용구로 들이대면 오히려 맞벌이 주부의 하품을 불러올지도 모른다.

본문 내용의 흐름과 잘 어울리는 맛깔나는 사례들은 중요한 메시지나 핵심 문장의 긍정적인 뒷담화를 훌륭하게 수행해낸다. 반면에 핵심 메시지를 잘 써놓고도 내용이 너무 어렵거나 사례가 딱딱하고 무거우면 오히려 옥에 티를 만드는 우를 범할 수도 있다. 자신이 주장하고자 하는 핵심 메시지에 적합한 사례를 발굴하고 이를 활용함으로써 따뜻한 공감과 호응을 이끌어내기 바란다. 마음이 동하게 만들면 독자들은 실천 의지에 불을 붙인다. 핵심 메시지와 사례를 잘 버무려 독자의 삶을 변화시키는 책을 써냄으로써 '창조적인 변화 경영 전문가'로 거듭나기를 소망한다.

06

서문 필사로
책 쓰기 감각을 깨워라
〔서문 작성〕

'청출어람(靑出於藍)'.

이는 '쪽빛에서 나온 푸른 물감이 쪽보다 더 푸르다'는 뜻으로, 제자가 스승보다 더 나음을 이르는 말이다. 학창 시절, 한문 수업 시간에 시험에 출제된다는 선생님 말씀에 사자성어 노트에 빼곡히 베껴 썼던 기억이 난다. 보통 시험을 보고 나면 잊어버리기 일쑤지만, 한자 획수가 틀리지 않게 몇 십 번 반복적으로 베껴 쓴 덕분에 장기기억에 남아 있다.

바쁘게 살다 보면 일주일 전에 일상적으로 하던 일도 기억이 가물거릴 때가 있다. 그런데 무려 30년 전 중학교 한문 시간에 여러 번 베껴 쓴 사자성어가 지금까지 기억 속에 남아 있다니! 그렇다면 유명한 작가의 작품을 그대로 따라 쓰면 내 기억 속에 오래 남아 작가보다 더 좋은 책을 쓰게 되지 않을까?

『태백산맥』(해냄)의 대작가 조정래는 필사는 책을 되새김질하는 과정이라고 언급했다. 책을 백 번 읽느니 차라리 한 번 필사를 하여 책의 내용을 온전히 흡수하는 편이 낫다는 의미다. 사자성어를 여러 번 베껴 쓰면 기억에 오래 남듯이 책을 필사하면 핵심 내용이 장기 기억 속에 저장된다. 이렇게 저장된 기억은 자신이 그와 관련된 무언가를 표현하고자 할 때 무의식중에 튀어 오른다. 말하거나 글을 쓸 때는, 이렇게 튀어 오른 생각을 붙잡아 사용하면 된다. 『천재 독서법』(지상사)에서도 '책 필사를 통해 책의 흐름이 잡히고 제2의 두뇌가 깨어나 위인들도 범재에서 천재로 바뀐다'는 실증적인 사례를 들은 바 있다.

지금부터는 효과적인 필사 테크닉을 어떻게 사용할지 본격적으로 탐구해보겠다. 여러분은 앞 꼭지들에서 책의 설계도인 제목과 연계된 목차 구성, 장 제목의 중심 내용과 연결된 꼭지 구성, 꼭지별 사례 찾기 과정을 통해 본격적으로 책을 쓸 수 있는 준비를 이미 다 마쳤다. 이제 독자들에게 들려주고 싶은 내용을 글에 담아 전달하는 일만 남아 있다.

그럼에도 어디서부터 갈피를 잡아야 할지 모르는 예비 저자들에게 '서문 필사'를 해볼 것을 제안한다. 필자가 실제로 서문 필사와 관련된 꼭지 내용을 구상하면서 떠올린 '서문 필사의 3가지 힘'을 공유한다.

서문 필사의 3가지 힘

1. 자신의 책에 쓰려는 주제와 핵심 메시지, 중심 생각을 명확하게 하는 '정리의 힘'
2. 서문 필사의 대상이 되는 우수 경쟁 도서와 차별화할 수 있는 '포인트 찾기의 힘'
3. 서문에 지인들에 감사를 미리 전하며, 책 집필 동기를 강화하는 '자기 예언의 힘'

서문 필사가 가져다주는 이 3가지 효과 외에도 작가들의 글쓰기 패턴이나 스타일을 자기화할 수 있다는 장점도 있다. 책을 쓸 때, 보통 서문이 맨 앞에 있기 때문에 가장 먼저 쓴다고 생각하는 분도 많은데, 일반적으로 서문은 본문 내용을 다 쓴 후 핵심 내용을 정리하여 완성한다. 그러다 보니 보통 집필하는 동안 힘들게 지나온 시간 속에서 느꼈던 감정이나 주변 지인들에 대한 감사로 마무리되곤 한다.

역발상으로, 서문을 가장 먼저 쓰는 경우에는 다음과 같은 효과가 있다. 자신의 생각을 정리하고 책 쓰기를 시작하면 집필 중에 주제에서 크게 벗어나지 않을 수 있다. 첫 단추부터 제대로 꿰고 출발하면 막연하게 떠나는 예비 저자의 집필 여행에 대한 부담이 줄어든다. 여행을 할 때 마지막 도착지가 표시된 약도를 지니고 출발하면 마음이 든든해지는 이치와 같다.

또한 서문 필사로 자신의 서문 쓰기에 대한 방향성과 팁도 덤으로 얻게 된다. 서문 필사를 통해 자신의 서문을 미리 완성할 수 있다고 생각해보자. 그러면 원고 집필에 박차를 가할 수 있다.

먼저 서문 필사를 하기 위해서는 자신이 쓰고자 하는 주제와 유사한 '필사 전용 모델 북'을 찾아야 한다. 직접적으로 경쟁 관계에 있는 경쟁 도서를 우선으로 찾되 그런 책이 없다면 연관 주제의 책 중에서 선택해야 한다. 연관된 다양한 책을 다 검토할 수 없는 상황이라면 베스트셀러에서 선택해도 나쁘지 않다. 참고로 베스트셀러는 서문 필사를 하는 데 일정 부문 유익한 면이 있다.

필자는 앞서 예시로 들어온 『어느 워킹맘의 인문학 사용 설명서』의 '필사 전용 모델 북'으로 안상헌 작가의 『통찰력을 길러주는 인문학 공부법』(북포스)을 택했다. 『어느 워킹맘의 인문학 사용 설명서』보다 포스가 느껴지는 제목이지만, 그럼에도 인문학을 공부한다는 측면에서 유사성이 있다. 또, 책 서문이 친절하고 본문 내용과 잘 연결되어 이 책을 구매했다는 한 블로거의 리뷰도 '필사 전용 모델 북'으로 선택하는 좋은 단서가 되었다.

지금부터 『통찰력을 길러주는 인문학 공부법』(이하 『인문학 공부법』) 서문의 핵심 구절을 『어느 워킹맘의 인문학 사용 설명서』(이하 『인문학 사용 설명서』)의 성격에 맞게 재편집하는 과정을 살펴보자. 『인문학 공부법』의 타깃 독자층은 인문학에 관심 있는 일반인이다. 반면『인문학 사용 설명서』의 타깃 독자는 주로 맞벌이 주부라는 차이점을 염두에 두고 시작해야 자신의 책에 맞는 임시 서문을 작성해볼 수 있다.

다만 여러 가지 이유로 모델 북의 서문 전문을 수록하지 못했음에 양해를 구한다. 서문 필사를 함과 동시에 자신의 책 서문을 작성할 때는 필사 전용 모델 북의 기본 틀은 가급적 유지하되 표현 방식이나 단어는 교체하도록 한다. 동시에 책의 콘셉트와 핵심 메시지를 살리는 방향으로 작성한다. 이는 어디까지나 연습임을 재차 강조한다. 결국 최종적인 서문은 책을 다 쓴 후에 다시 작성해야 더 충실한 내용을 담을 수 있다는 점을 기억하자.

아래 내용은『인문학 공부법』의 서문을 토대로 우리의 가상 기획『인문학 사용 설명서』의 임시 서문을 작성해본 것이다('▶' 뒤에 나오는 내용이『인문학 사용 설명서』의 서문이다.)

뭔가를 배워야겠다는 마음으로 손에 잡히는 대로 읽기 시작하는 순간은 누구에게나 있으리라. 요즘같이 배움이 중요해진 시대에는 스스로 시작하지 않아도 주위의 압력 때문에 책을 읽게 되기도 한다. (…) 자기 계발과 달라서 인문학은 내용을 금방 이해하고 사용할 수 있는 것이 아니다. (…) 사정이 그렇다 보니 시도와 실패가 반복된다.

▶ 뭔가를 마음에 채워야겠다는 생각으로 눈에 보이는 대로 읽기 시작하는 경험은 누구에게나 있으리라. 요즘처럼 자기 계발이 대유행인 시대에서는 스스로 시작하지 않아도 이웃의 권유 덕분에 책을 읽게 되기도 한다. (…) 실용서와 달라서 인문학은 내용을 바로 체득하여 활용할 수 있는 게 아니다. 상황이 이렇다 보니 읽기와 중단이 반복된다.

이런 실패의 경험을 통해 힘들게 발견한 공부법을 담았다. 인문학이라는 것이 어렵게만 느껴지지만 포인트만 잘 찾으면 그렇지만도 않다. 좋은 길잡이가 있으면 길을 가기가 수월한 법이다.

▶ 이런 시행착오를 통해 어렵게 찾아낸 공부법을 담았다. 인문학이라는 것이 난해하게 다가오지만 맥락만 잘 잡으면 그렇지만도 않다. 친절한 안내자가 있으면 여행을 하기가 쉬운 법이다.

책의 사용법은 다음과 같다.
1부에서는 인문학을 공부하는 태도와 책 읽는 사람들이 궁금해하는 부분을 담았다. 2부 이하에서는 각 분야별로 어떻게 공부하고 무엇을 얻을 것인가에 대해서 자세하게 살폈다.

▶ 책의 활용법은 다음과 같다.
1부에서는 인문학을 공부하는 이유와 워킹맘들이 궁금해하

는 부분을 담았다. 2부 이하에서는 가족별·개인별로 어떻게
공부하고 새롭게 적용할 것인가에 대해서 구체적으로 적었다.

　지금까지 기술한 내용은 『인문학 공부법』 서문 내용의 20퍼센트
정도에 지나지 않지만, 본문의 핵심 내용을 거의 드러내고 있다. 독
자들로 하여금 본문 내용에 대한 기대를 심어줄 수 있도록 서문의
내용이 정교하게 배치되었음을 확인할 수 있는 대목이다. 역시나 『인
문학 사용 설명서』의 필사 전용 모델북으로서 전혀 손색없다.
　이렇게 기술한 『인문학 사용 설명서』의 연습용 서문을 연결해서
천천히 읽어보면 모델 북을 선택하여 서문을 작성하는 트레이닝의
가치를 실감할 수 있다.

　　뭔가를 마음에 채워야겠다는 생각으로 눈에 보이는 대로 읽기
　　시작하는 경험은 누구에게나 있으리라. 요즘처럼 자기 계발이 대
　　유행인 시대에서는 스스로 시작하지 않아도 이웃의 권유 덕분
　　에 책을 읽게 되기도 한다. (…) 실용서와 달라서 인문학은 내용
　　을 바로 체득하여 활용할 수 있는 게 아니다. 상황이 이렇다 보니
　　읽기와 중단이 반복된다. (…) 이런 시행착오를 통해 어렵게 찾아

낸 공부법을 담았다. 인문학이라는 것이 난해하게 다가오지만 맥락만 잘 잡으면 그렇지만도 않다. 친절한 안내자가 있으면 여행을 하기가 쉬운 법이다. (…) 1부에서는 인문학을 공부하는 이유와 워킹맘들이 궁금해하는 부분을 담았다. 2부 이하에서는 개인별·가족별로 어떻게 공부하고 새롭게 적용할 것인가에 대해서 구체적으로 적었다.

『인문학 공부법』은 2016년 말 출판 기준 20쇄 이상을 기록한 베스트셀러다. 독자들의 관심에 힘입어 2016년 5월에 『인문학 공부법 실천편』(북포스)이 출간되기도 했다. 독자들의 요청에 따른 실천편 출간은 출판계에서는 흔히 있는 일이다. 그만큼 많은 독자에게 긍정적인 영향을 주었다는 방증이기도 하다.

『인문학 사용 설명서』도 맞벌이 주부들이 인문학을 삶에 적용할 수 있는 사례들을 담고 있기에 『인문학 공부법 실천편』과도 내용 전개 면에서 어느 정도 맞닿아 있다고 할 수 있다. 서문 필사를 통해 이 예상이 들어맞는지 확인하는 작업은 또 다른 묘미를 안겨준다.

오른쪽 페이지처럼 실제 『인문학 공부법 실천편』의 서문 필사를 하면서 확인해보자.

그동안 인문학 공부를 해오면서 경험한 시행착오들과 공부의 결과들을 바탕으로 구체적이고 생산적인 공부 방법들을 공개하고자 한다.

▶ 지난날 인문학 공부를 해오면서 얻은 좌충우돌 에피소드들과 경험을 바탕으로 손에 잡히는 구체적인 공부 방법들을 공유하고자 한다.

(…) 공부는 현실에 도움을 주어야 한다. 독서를 통해 지식과 지혜의 폭을 확장하고 자신을 돌아보며 깊이 있게 통찰하여 창의적으로 활용하는 힘을 기르는 독서법은 삶의 문제를 이해하고 해결하는 중요한 공부가 될 것이다.

▶ (…) 공부는 삶의 현장에 쓸모가 있어야 한다. 독서를 통해 사유의 폭을 확대하고 자신을 성찰하며 심오하게 궁구하여 구체적으로 적용하는 힘을 다지는 독서법은 워킹맘의 애환을 공감하고 해결책을 주는 공부가 될 것이다.

(…) 이 책을 통해 인문학 공부가 즐겁다는 것을 느낄 수 있고, 실천적인 문제 해결에 도움을 얻는 독자들이 늘어난다면 저자로서 더 바랄 것이 없겠다.

▶ (…) 이 책을 읽고 인문학 공부가 행복하다는 것을 공감하고, 실질적인 문제 해결의 키를 받는 주부들이 늘어난다면 작가로서 더 바랄 것이 없겠다.

『인문학 사용 설명서』의 필사 전용 모델 북 두 권의 서문 필사를 통합하여 예비적인 서문을 작성해보았다. 이렇게 두 책을 필사하면서 만들어낸 서문을 연결시켜보면, 가상 기획 『인문학 사용 설명서』의 집필 방향과 중심 내용을 예상해볼 수 있다.

서문 필사를 통한 『어느 워킹맘의 인문학 사용 설명서』의 예비적 서문

뭔가를 마음에 채워야겠다는 생각으로 눈에 보이는 대로 읽기 시작하는 경험은 누구에게나 있으리라. 요즘처럼 자기 계발이 대유행인 시대에서는 스스로 시작하지 않아도 이웃의 권유 덕분에 책을 읽게 되기도 한다. (…) 실용서와 달라서 인문학은 내용을 바로 체득하여 활용할 수 있는 게 아니다. 상황이 이렇다 보니 읽기와 중단이 반복된다. (…) 이런 시행착오를 통해 어렵게 찾아낸 공부법을 담았다. 인문학이라는 것이 난해하게 다가오지만 맥락만 잘 잡으면 그렇지만도 않다. 친절한 안내자가 있으면 여행을 하기가 쉬운 법이다.

(…) 1부에서는 인문학을 공부하는 이유와 워킹맘들이 궁금해하는 부분을 담았다. 2부 이하에서는 개인별·가족별로 어떻게 공부하고 새롭게 적용할 것인가에 대해서 구체적으로 적었다.

지난날 인문학 공부를 해오면서 얻은 좌충우돌 에피소드들과 경험을 바탕으로 손에 잡히는 구체적인 공부 방법들을 공유하고자 한다. (…) 공부는 삶의 현장에 쓸모가 있어야 한다. 독서를 통해 사유의 폭을 확대하고 자신을 성찰하며 심오하게 궁구하여 구체적으로 적용하는 힘을 다지는 독서법은 워킹맘의 애환을 공감하고 해결책을 주는 공부가 될 것이다.

(…) 이 책을 읽고 인문학 공부가 행복하다는 것을 공감하고, 실질적인 문제 해결의 키를 받는 주부들이 늘어난다면 작가로서 더 바랄 것이 없겠다.

아웃풋 독서법 제안하는 필사는 단순하게 베껴 쓰는 작업이 아니라, 본문을 집필하기 위한 창의적인 사전 연습이다. 서문 필사는 어디까지나 연습일 뿐, 결국엔 한 꼭지를 써낼 수 있는 힘이 핵심 무기다. 마지막 결전의 순간을 기대하셔도 좋다. 파이팅!

한 꼭지, 한 꼭지가 모여
한 권의 책이 된다
〔본문 작성〕

'천 리 길도 한 걸음부터.'

책 쓰기의 성공 여부는 30여 개의 꼭지들을 책 제목, 장 제목들과 연계하여 핵심 주제의 흐름에서 벗어나지 않게 써내는 데 달려 있다. 꼭지의 주제와 내용의 기준점은 장 제목과 관련된 핵심 주제인가 아닌가에 있다. 장 제목의 핵심 주제에서 벗어난 글을 쓰면 다음 꼭지와 연결이 안 되어 다시 써야 하는 번거로움이 발생한다. 그리고 이렇게 핵심 주제에서 벗어난 글을 쓰면 결국 내용 전개가 매끄럽지 않아 독자의 혼란을 야기한다. 따라서 한 꼭지를 완성하면, 바로 앞 꼭지와 내용의 흐름이 연결되는지 확인해야 한다. 너무 당연한 말처럼 들리지만, 예비 저자들이 흔히 범하는 실수 중 하나다.

다음으로, 꼭지의 기본 구조를 알면 보다 쉽게 글을 쓸 수 있다. 한 꼭지는 '처음 글(서론)', '가운데 글(본론)', '끝에 글(결론)'로 이루어져 있다. 특히 실용 서적을 집필하는 경우에는 서론, 본론, 결론의 3단계 흐름으로 글을 써나가면 무방하다. 또한, 서론은 두 단락, 본론은 세 단락, 결론은 한 단락, 이렇게 내용의 흐름에 따라 단락의 개수는 변동 가능하다. 한 꼭지 안에 전체 단락 개수의 제한은 없지만 보통 10개 내외라고 이해하면 된다.

한 꼭지는 여러 개의 문단으로 이루어져 있기 때문에, 한 꼭지를 완성하기 위해서는 우선 한 단락으로 소주제문을 쓸 수 있는 필력을 길러야 한다. '단락'은 단일한 중심 생각을 표현하기 위한 몇 개의 문장을 모아 놓은 단위다. 보통 3개 이상의 문장으로 이루어져 있다. 글을 쓸 때는 단락 맨 앞에 소주제 문장을 쓰고, 그 뒤에 뒷받침 문장을 열거하는 '두괄식'을 많이 사용한다. 예비 저자에게도 이 두괄식이 편리하다. 만약 3개의 문장으로 이루어진 최소형 단락이라면 보통 첫 문장이 소주제 문장, 나머지 두 개의 문장이 뒷받침 문장이 된다.

소주제 문장

1. 나는 이 세상 그 누구보다 당신에게 관심이 많습니다.

뒷받침 문장

2. 아침에 눈을 뜨면 햇살 속에서 당신의 미소를 봅니다.

3. 노래하는 새소리에서 당신의 낭랑한 목소리를 듣습니다.

여기서 뒷받침 문장은 내용의 전개에 따라 아래 4~5번 문장처럼 더 추가될 수도 있다.

뒷받침 문장 추가

4. 분위기 좋은 카페에 가면 당신과 커피를 마시는 장면이 떠오릅니다.
5. 빈 좌석이 보이면 당신에게 자리를 내어주는 장면도 떠오릅니다.

이렇게 소주제 문장에 나온 당신에 대한 '관심'의 구체적인 내용을 열거함으로써 2~5번 뒷받침 문장들을 작성하면 된다. 그리고 끝맺음을 위한 마지막 문장으로 마무리한다.

마지막 문장

6. 하루를 지내며 모든 만물에서 당신의 흔적을 봅니다.

위의 예시처럼 6번 마지막 문장이 문단의 맨 앞에 나온 1번 소주제 문장과 표현만 다르고 거의 같은 의미를 갖고 있다면, 소주제 문장이 곧 두 개라고 볼 수 있다. 이럴 경우에는 단락의 맨 처음 문장과 맨 끝 문장이 모두 소주제 문장이 되므로, 이때는 '양괄식'이라고 부른다.

그렇다면, 단락의 맨 앞에 나온 소주제 문장을 뒷받침하는 2~5번 문장들의 순서는 어떻게 정할까? 시간의 흐름에 따라 정리하는 게 일반적이지만, 공간의 이동 혹은 생각이나 의식의 흐름을 따르기도 한다. 정답은 없다. 단락 앞에 나온 핵심 문장을 강조하고 내용을 돋보이게 만드는 적합한 방법을 선택하면 된다.

단락의 문장들 사이에 매끄러운 흐름이 있어야 독자들이 저자의 '중심 생각'을 따라오기 쉽고 이해도가 높아진다. 한 꼭지를 완성하기 위해서는 먼저 단락의 개념을 정확히 알고 꾸준하게 쓰는 연습이 필요하다.

지금부터 본격적으로 핵심 문단과 이를 뒷받침하는 사례 및 인용구의 문단으로 이루어진 '한 꼭지'를 작성하는 과정을 살펴보자. 먼저 예상되는 내용을 상상해보고, 어느 정도 문장의 형태를 갖춘 문단들을 서론, 본론, 결론의 흐름에 맞게 꼭지 안에 배치하고 재조정하면 된다.

처음부터 예비 저자가 꼭지의 기본적인 틀이나 흐름에 맞춰서 쓰는 건 쉽지 않다. 꼭지 쓰기를 쉽게 이해하기 위해 '서문 필사로 책 쓰기 감각을 깨워라'에서 소개했던 방법을 활용해보기로 하자.

필자의 경우, 본격적으로 꼭지를 작성하기 전에 꼭지의 명칭이나 주제와 관련되어 예상되는 내용을 머리에 대충 그려본 다음, 생각나는 대로 백지에 쓴다. 예를 들어 '서문 필사로 책 쓰기 감각을 깨워라'라는 꼭지를 작성하는 일이 너무 막연하면 포털 검색창에 '필사하기'라는 핵심 주제어를 입력한다. 그러면 연관 자료들이 줄줄이 달려 올라온다. 뉴스 기사, 잡지, 블로그, 관련 도서와 논문 등을 쭉 훑어보면서 '필사하기'와 관련된 내용을 백지에 메모하기 시작한다.

먼저 육하원칙(5W1H)에 따라 우선 누가(Who), 언제(When) 필사를 주로 하는지 살펴보면 된다. 보다 보면 유명 작가들이 무명 시절에 필사를 통해 책의 내용을 온전히 흡수하고 글쓰기의 기본기를 배웠다는 사실을 알 수 있다. 또한 검색으로 발견한 내용은 필사를 제안하는 소주제 문장(핵심 문장)을 뒷받침하는 사례나 인용구로 활용할 수 있다. 만약 읽은 책 중에 필사와 관련한 내용이 있으면 이를 인용하여 필사의 효과에 대한 근거로 제시하면 된다(필자의 경우에는 『천재 독서법』의 사례를 활용한 바 있다).

동시에 무명 작가 시절, 문단에 등단한 작가의 작품을 필사하여 더 유명한 작가로 변신하는 상황을 표현하는 고사성어나 명언이 있는지 찾아보자. 그 고사성어를 활용하면 해당 꼭지의 첫 문장에 대한 실마리가 잡힌다. 오랜 기억에 의지하여 '청출어람'이라는 사자성어가 떠오르면 다행이다. 그마저 바로 떠오르지 않는다면 포털 지식인의 기억력을 빌리면 된다.

다음으로 무엇(What)을 어떻게(How) 필사했는지 알아보면 된다. 찾아보면 대부분 본문 내용 전체를 손 글씨로 필사했다는 내용이 주를 이룬다. 모 출판사에서는 아예 『어린 왕자』나 윤동주 시인의 시집, 고전의 핵심 문구를 발췌하여 필사할 수 있는 필사 책 시리즈물을 출판하기도 하였다. 그만큼 본문 필사가 보편화되었다고 볼 수 있다.

이렇게 육하원칙에 따라 필사와 연관된 속담이나 문구, 사례, 기타 꼭지 작성에 쓸 만한 내용을 쓸어 담아 백지로 옮겨 적으면 된다. 이때는 컴퓨터로 타이핑하기보다 직접 손으로, 자신만이 알아볼 수 있는 글씨로 빠르게 써보라. 마치 자신이 글을 술술 써나가는 듯 묘한 기분이 들면서 글감이나 아이디어가 마구마구 떠오를 것이다.

지금부터는 육하원칙을 근거로 검색한 내용을 바탕으로 실제로 필자가 '서문 필사로 책 쓰기 감각을 깨워라' 꼭지를 작성해나갔던 단계를 정리해보겠다.

한 꼭지의 시작에는 중심 주제와 연관 있는 유명한 명언이나 고사성어를 배치함으로써 독자들의 이목을 집중시킬 수 있다. 그리하여 필자는 검색을 통해 건져 올린 청출어람이라는 고사성어를 꼭지 서두에 배치했다. 실제로 원고를 작성할 때 모든 꼭지에 이렇게 명언이나 인용구를 배치하면 연관된 내용들이 이어져서 떠올라 글쓰기가 훨씬 수월해지는 경험을 할 수 있다. 첫 문장은 쓰기 힘들지만 첫 단추를 제대로 채우면 그만큼 효과가 강력하다는 속설을 입증한 셈이다.

이렇게 운을 떼고 나면, 필사의 기대 효과에 대한 질문을 독자에게 던지면서 답하는 형태로 서론을 작성하면 된다. 질문에 대한 답은 연관 분야의 권위 있는 전문가의 입을 빌려 풀어갈 때 효과적이다. '서문 필사로 책 쓰기 감각을 깨워라' 편에서는 검색을 통해 건져 올린, 조정래 대작가의 필사 효과에 관한 이야기를 배치했다. 거기에 덧붙여 『천재 독서법』에서 알게 된 필사의 효과를 인용하였다.

여기까지는 서론에 해당하는 부분으로, 지금부터는 검색 정보와 경험을 엮어 소주제 문장(핵심 문장)을 적절히 재배치하면 된다. 단락 안에서 문장을 재배치하는 기본 원칙은 위에서 언급한 대로 소주제 문장(핵심 문장)을 먼저 쓰고, 뒤에 사례나 인용구가 뒷받침되도록 작성하는 것이다.

한 단락 내에서 소주제 문장, 뒷받침 문장, 사례, 인용구가 뒤섞여서 정리가 안 될 경우에는 일단 생각나는 대로 모든 문장을 입력하고, 천천히 소리 내어 읽어보라. 어색한 문장을 앞뒤로 이동시켜보면서 문장의 연결이나 의미가 더 자연스럽게 잡히는 순간, 멈춰라. 이 과정을 반복하다 보면 맨 처음 썼던 글보다 문장의 흐름이 훨씬 매끄러워지고 의미도 더 선명하게 드러난다.

그다음엔 자신이 쓴 문단 내에서 핵심 메시지라 할 수 있는 소주제 문장을 굵은 글씨체로 바꿔보는 연습을 하라. 소주제 문장이 문단의 제일 앞이나 뒤에 있는지 확인하는 작업을 병행하다 보면 맨 처음 쓴 글보다 훨씬 흐름이 매끄러워지는 것을 느낄 수 있다. 이는 필자가 30여 개의 꼭지를 작성하면서 실제로 효과를 본 기법이다.

다음으로 본론을 쓸 차례다. '서문 필사로 책 쓰기 감각을 깨워라'에서는 필사라는 기본 주제를 바탕으로 차별화된 제안을 해야 한다. 대부분 본문 필사를 권하지만, 필자는 서문 필사를 권하고 싶다. 서문 필사는 언뜻 보기에 본문 필사보다 효과가 떨어져 보인다. 하지만 서문 필사가 왜 필요한지, 본문 필사와 비교했을 때 어떤 효과가 있는지에 집중하면 된다. 바로 여기가 차별화 포인트를 만들려는 저자의 노력이나 감각이 필요한 대목이다. 우선 상식적인 수준에서 서문을 필사하는 근본적인 이유를 곰곰이 따지다 보면 아이디어가 떠오르게 되어 있다.

물론 서문 필사 시 경쟁 도서의 서문을 그대로 베끼는 수준에 머무르면 필력은 더디게 향상될 수밖에 없다. 쓰고자 하는 책의 주제에 맞게 내용이나 표현을 바꿔가면서 자신만의 글쓰기로 체화하고, 기존의 제안에 추가적인 제안도 할 수 있어야 한다. 사실 '바꿔 쓰기'도 필자가 발명해낸 기법은 아니다. 바꿔 쓰기는 베껴 쓰기보다 한 단계 높은 단계다.

즉, 본문 필사에서 서문 필사로, 베껴 쓰기에서 바꿔 쓰기로 변화를 주어 제안한 것에 불과하다. 그럼에도 결정적으로 다른 부분은 그 과정을 통해 실제로 책 쓰기 역량을 높일 수 있다는 점, 동시에 그 작업을 통해 쓰고자 하는 책의 예비 서문을 얻을 수 있다는 점을 강조했다는 것이다.

나아가 본론에서는 저자가 핵심적으로 주장한 서문 필사가 어떻게 책 쓰기에 실제로 적용이 되는지, 구체적인 사례를 통해 보여주어야 한다. 해당 꼭지에서 필자는 『어느 워킹맘의 인문학 사용 설명서』의 서문 필사 과정을 예를 들어, 실제로 어떻게 새로운 서문이 완성되는지 보여주었다. 이로써 독자는 백 마디 말보다 눈에 보이는 한 장의 예비 서문이 훨씬 더 효과적이라는 사실을 실감하였을 것이다.

그렇다면 결론 부분에서는 무엇을 써야 할까? 예비 저자가 꼭지를 본격적으로 작성하기 전 가벼운 마음으로 집필 여행을 떠날 수 있도록 격려하는 내용으로 마무리하면 된다.

이상에서 효과적인 꼭지 작성을 위해 글감을 구하고 그것들을 본문 내용에 적절하게 배치하는 방식에 대해서 살펴보았다. 독자 여러분 또한 필자가 제시한 팁들을 활용하여 한 꼭지, 한 꼭지를 써나가며 결국 한 권의 책을 써낼 수 있기를 기원한다. 다만, 꼭지 작성은 설명만 듣고 할 수 있는 작업이 아니다. 지금 당장 백지를 꺼내어 꼭지를 시작하는 한 문장을 쓰기 시작하라. 그리고 그 문장 뒤에 자연스럽게 당신의 생각이 따라오도록 하라.

08

평범한 사람이
작가로 거듭나는 미라클 여정
〔독자에서 창조적 지식 생산자로〕

● "내 인생에 기적은 없었다. 일상에 의미를 부여하는 그 순간, 기적이 시
  작된다."

– 이세훈

　　도서관에서 밥 먹는 시간을 제외하고 하루 종일 책만 읽으면서
2주 만에 한 권의 책을 써낸 경험이 있다는 작가의 소문을 흘려들은
적이 있다. 한 권의 책을 완성하려면 보통 하루에 두 꼭지, 즉 글자
크기 10포인트로 A4 용지에 6페이지 정도를 매일 써내야 한다. 그러
니 일반 독자의 눈에는 단순 글쓰기 작업이 아닌, 머리에 쥐가 날 정
도로 힘든 정신적 노동으로 비쳐지는 게 당연하다.

　　아웃풋 독서가로서 '2주 내로 한 권의 책 쓰기 진실 게임'에 참여

하고 싶은 충동이 들 것이다. 그 작가의 독서 스타일은 집중적으로 한 가지 주제에 관한 여러 권의 책을 읽는 식이었고, 읽은 책의 중요 내용은 꼭 필사했다는 것만이 유일한 단서다. 2주 만에 한 권의 책을 썼다는 소문이 일반 독자들에게는 기적처럼 다가올 수 있지만, 필자가 보기에는 작가의 그런 일상이 상당 기간 반복되었다면, 2주에 한 권의 책을 쓰는 것도 전혀 불가능한 일은 아니다.

그 저자는 그동안 해왔던 필사를 통해 자신도 모르게 글쓰기 실력이 향상되었을 가능성이 있다. 그리고 필사했던 내용은 책의 사례나 인용구로 활용했을 가능성이 높다. 의도적이든 일상적으로 날마다 반복하다 보니 2주 만에 책 한 권을 써낼 수 있었으리라.

필자가 이 책『아웃풋 독서법』의 목차를 완성하고 한 달이나 걸려 책을 썼던 이유는 따로 있다. 퇴근 후 확보한 하루 4시간 안에 여러 가지 일을 하면서 동시에 글을 썼기 때문이다. 독서법과 연관된 책을 읽고, 책의 주제와 연관된 자료나 논문을 뒤져서 각 꼭지의 소주제에 적합한 사례와 인용구를 찾는 데 시간을 할애했다. 2주 만에 책을 썼다는 작가와 다른 점은 하루 8시간 기준 대비 약 4시간의 글을 쓸 수 있는 여유가 있었다는 점이다. 다음으로 중요한 쟁점은 필사나 메모 형식으로 기록해놓은 사례나 인용구들을 얼마만큼 갖고 있느냐는 것이다.

따라서 포인트는 그가 2주 만에 책을 썼느냐 마느냐 하는 기간의 문제가 아니다. 책 쓰기로 이어지는 독서를 하고 싶다면 책을 읽을 때 감동받은 구절이나 자신의 책에 인용하면 좋을 핵심 구절들을 필사 혹은 메모하여 흔적을 남겨야 한다. '한 꼭지, 한 꼭지가 모여 한 권의 책이 된다' 편에서 한 꼭지를 쓰기 전에 연관 사례나 인용구를 확보하는 일이 얼마나 중요한지 실증적으로 강조했던 점을 상기하기 바란다. 그 꼭지에서 필자는 확보한 사례나 인용구를 핵심 문장, 뒷받침 문장들과 조합하여 한 꼭지를 완성하는 과정을 제시한 바 있다.

자신만의 책을 쓰고 싶다면 관심 있는 주제와 연관 있는 책을 집중적으로 읽고 반드시 흔적을 남겨라. 독서의 흔적 위에 자신의 생각이나 의견을 덧붙여놓은 기록물들을 날마다 쌓아가라. 누적된 자신만의 기록물들을 독특한 콘셉트에 맞춰 일관성 있게 정리하면, 한 권의 책으로 탄생될 가능성이 높아진다.

이 지점에서 누군가는 필력을 거론할 수도 있으나, 필자가 초기 일주일 동안 써놓은 일상적인 글들을 읽어보면 거의 사적으로 끄적인 일기나 다름없다. 목차가 나온 직후 썼던 꼭지들에도 너무나 어색한 문장들이 많아 수정 공사를 여러 차례 해야 했다. 그럼에도 중요한 포인트는 주제를 정하고 날마다 두세 시간씩 한 달 가까이 집중적으로 글을 쓰다 보면 자신도 모르게 필력이 향상된다는 점이다. 자신이 글로 써낸 꼭지가 늘어날 때마다 꼭지 내용이 매끄럽게 흘러가는 것을 본인도 느낄 수 있다. 한 꼭지를 정신없이 쓰고 다음 날 다시 보면 자신의 필력이 향상되어 있음을 스스로 확인할 수 있다.

결국 2주 만에, 혹은 한 달 만에 책을 쓸 수 있느냐 마느냐는 쟁점 포인트가 아니다. 현재 내게 책을 쓸 만한 필력이 있느냐 마느냐 하는 문제도 중요한 게 아니다. 가장 중요한 포인트는 한 권의 책을 쓰고자 하는 강력한 동기가 있는가, 또 한 줄의 글이라도 쓰고 있느냐는 것이다.

책을 쓰기로 작정했다면 날마다 단 한 줄이라도 쓰기 시작하라. 동시에 매일 자신이 쓰고자 하는 분야와 관련된 책을 조금씩이라도 읽고, 필사, 메모, 블로그 등 어떤 형태로든 독서의 흔적을 남겨라. 일상에 남긴 독서의 흔적들이 당신을 작가로 만들어주는 기적을 일으킬 것이다. 아웃풋 독서가는 일상에 자신만의 의미를 부여하는 글쓰기를 통해 기적을 만들어간다. 동시에 주변 사람들에게 이 방법을 전파하는 미션을 수행한다. 당신도 일상의 기적을 경험하기 위해 독자에서 창조적 지식 생산자로 변신할 마음의 준비가 되어 있는가?

다음은 평범한 주부가 일상의 습관에 의미를 부여하여 자신만의 책을 낸 기적 같은 이야기다. 이 사례를 통해 당신도 충분히 저자로 변신할 수 있음을 보여주고자 한다.

블로거 '슈퍼리치 mom'의 블로그를 보면 '행복 냄새'가 절로 풍겨난다. 날마다 아기자기한 일상에 자신만의 의미를 부여하는 글이 많아 보는 이 또한 행복하게 만든다. 블로거 이름처럼 재력이 뒷받침되는 슈퍼리치인지 아닌지는 모르겠지만, 감성이 흘러넘치는 글이 대부분이니 '마음 부자'임에는 틀림없다.

아웃풋 독서가라면 그냥 블로그 글을 읽고 끝내는 것이 아니라, 평범한 주부로서 '습관'에 관한 책, 『인생을 바꾸는 아주 작은 습관』(프로방스)을 낼 수 있었던 특별한 배경이나 원인을 파고들 수 있어야 한다. 그녀의 책에서 핵심이 되는 키워드, 습관을 중심으로 '슈퍼리치 mom'의 블로그를 본격적으로 탐색해보자.

습관은 생각의 결과이고, 행동의 원인이 된다. 이점에 착안하여 블로그 항목 중 '엄마의 생각 일기/사색 명상' 코너에서 댓글이 많은 포스팅을 추적한다. 놀랍게도 '슈퍼리치 mom' 또한 필자가 강조한 필사 및 독서 후 기록의 중요성에 대한 근거를 제시하고 있다. 동시에 '일기를 적거나 정성을 들인 편지를 적을 때도, 나만의 생각을 적을 때도 손으로 기록하라'는 제안을 내놓고 있다. 빙고!

● "일본의 대표적 뇌과학자 구보타 기소우 박사는 『손과 뇌』라는 책에서 '손은 외부의 두뇌'라고 말할 정도로 뇌 개발에 손이 중요한 영향을 미친다는 것을 말해주고 있다. (…) 글쓰기도 두뇌 발달에 영향을 미친다. 글쓰기는 손과 뇌의 협응력으로 나오는 행위이므로, 글쓰기 근육과 뇌는 밀접한 관계를 맺는다. 종이 위에 펜으로 적고 그리면서 많은 아이디어가 만들어진다. 능동적인 손 기록이 창의적으로 결과를 낸다고 한다."

– 슈퍼리치 mom 블로그[11] 중

우리는 평범한 주부가 책을 낼 수 있었던 배경에는 자신의 생각이나 일기 혹은 편지를 손 글씨로 쓰는 습관이 있었다는 사실에 주목해야 한다. 필자가 '한 꼭지, 한 꼭지가 모여 한 권의 책이 된다'에서 강조한, 백지 위에 생각나는 대로 글을 써나가라는 제안과 맥락이 비슷하다. 핵심 주제어 포털 검색을 통해 건져 올린 내용들을 백지 위에 자신만이 알 수 있는 글씨체로 재빨리 쓰다 보면 글감이나 다른 아이디어가 떠오른다는 부분과도 맞닿아 있다.

또한 그녀의 포스팅에서 아웃풋 독서가로서 취해야 할 포인트는 글쓰기가 두뇌 발달에 영향을 미치고, 손 글씨를 쓸수록 뇌가 발달한다는 사실이다. 필자 또한 독자가 떠나게 될 집필 여행 중에 낯선 꼭지를 만날 때마다 손 글씨를 써보라는 제안을 꼭 하고 싶다. 백지에 글을 쓰기 시작하면 생각이 따라오고 더 많은 아이디어가 떠오른다는 이론이 독자의 삶에 현실로 드러나기를 기원한다.

다음 단계로 그녀의 책 읽는 습관을 추적하기 위해, 블로그 항목 '엄마의 책장·일독일행'의 포스팅 중에서 댓글이 많은 내용을 탐색한다. 평범한 주부로서 책을 낼 수 있었던 비결이라 할 수 있는 그녀만의 독특한, '독서 후 습관'이 무엇인지 파헤쳐보자.

첫째, 독서 후 그녀만의 독특한 서평 패턴 중 하나는 읽은 책의 장 제목을 쭉 나열해서 적는다는 점이다. '뭐 그럴 수 있지.' 혹은 '책에

---

11 〔슈퍼리치 mom 네이버 블로그〕 http://blog.naver.com/jskpiano

목차가 있는데 굳이 그런 걸 왜 적냐!'라는 독자의 반응이 예상된다. 하지만, 자신만의 책을 내고자 한다면 평범해 보이는 이 포스팅에도 의미를 부여하고 나만의 해석을 덧붙일 줄 알아야 한다.

앞서 책의 중심 내용을 파악하기 위해 책의 장 제목을 연결해서 흐름이 매끄러운지 확인하라고 한 바 있다. 동시에 아웃풋 독서가가 되기 위해서는 목차 작성의 큰 산을 넘어야 하고, 스스로 목차를 작성할 수 있어야 한다. 따라서 다른 작가의 목차가 제목 및 핵심 주제의 성격과 잘 맞는지, 장 제목 간 흐름은 자연스러운지 파악하라는 필자의 제안을 다시 한번 주지하기 바란다.

앞으로 새로운 책을 읽고 독서의 흔적을 남길 때마다 장 제목들을 직접 적어보고 이것들이 유기적으로 잘 연결되어 있는지 확인하는 습관을 체화하자. 스스로 목차를 잡을 수 있다면 수백만 원을 지불하고 유료 목차 컨설팅을 받지 않아도 된다.

- 『아픔공부』의 목차

  1장 아픔에 익숙해져버린 삶

  2장 아픔도 공부해야 한다

  3장 아프지도 말고, 미치지도 마라

  4장 매 순간 행복할 권리

  5장 아픈 세상, 그 너머를 보라

"『내가 글을 쓰는 이유』라는 책을 읽으면서도 느꼈지만, 저자는 어떻게 치유, 명상, 내면, 마음의 힘, 심리, 인문학에 이르는 모든 것을 배우지 않고 깨달았을까? 바로 글쓰기를 시작하면서 생각을 붙잡고, 감정을, 마음을 통제할 수 있었다고 한다. 글쓰기를 통해, 나락으로 떨어진 삶을 행복한 삶으로 변화하기 시작했다. 즉, 시련과 역경을 겪으면서 마음만 먹으면 행복해진다는 것, 행복은 과정에 있다는 사실을, 아프지도 미치지 않을 수 있다는 사실을 강조한다."

– 슈퍼리치 mom 블로그 중

둘째, 그녀의 독서 습관에서 취해야 할 포인트는 위에 포스팅처럼 동일 작가의 다른 작품을 시리즈로 읽고 자신만의 관점으로 비교하고 서술하는 서평을 쓴다는 점이다. 이처럼 두 작품을 읽고 핵심 메시지가 무엇인지 비교·분석함으로써 작품을 깊게 이해할 수 있다. 나아가 자신이 닮고 싶은 모델 작가를 선정하여 그 작가의 책을 집중적으로 읽어보라. 그의 작품 세계와 집필 스타일, 문체 등을 자신에게 맞게 체화할 수 있으면 금상첨화다.

마지막으로, 그녀는 『아픔공부』(생각수레)라는 책을 읽으면서도 『내가 글을 쓰는 이유』(슬로래빗)라는 책과 비교하여 글쓰기의 본질에 접근하고 있다는 점에 주목해야 한다. 글쓰기를 통해 자신을 세워가고 행복해질 수 있다는 내용이 인상적이다. 그녀의 블로그는 주로 '행복 연습 습관'에 관한 글들로 채워져 있다. 평범한 주부가 행복해지기 위해 일상에 의미를 부여하는 글쓰기를 시작했고, 날마다 꾸준히 글을 썼던 습관이 책 출간이라는 기적으로 연결되었다는 확신이 든다.

이 책을 읽는 독자들도 글쓰기를 시작하면서 "생각을 붙잡고, 감정과 마음을 통제할 수" 있기를 바란다. 독자가 처한 상황에 따라 다르겠지만, "글쓰기가 나락으로 떨어진 삶을 행복한 삶으로 변화시키는" 계기가 되기를 바란다. 집필 여행 중에 낯선 꼭지를 만나 당황스럽고 머리가 아프더라도 "마음만 먹으면 행복해진다는 것"을 명심하기 바란다. 책 쓰기라는 여정을 통해 "행복은 과정에 있다는 사실"을 마음에 간직하기 바란다.

혹여 내 일상의 글들이 쌓여 책으로 나오지 못하더라도 "아프지도 미치지도 않을 수 있다"는 메시지로 위로를 삼았으면 한다. 독자 한 사람, 한 사람이 글쓰기를 통해 일상에 의미를 부여하고, 자신만의 책 쓰기로 삶의 기적을 이루어내기를 소망한다.

마치는 글

이제는 작가가 아닌
당신이 희망을 노래해야 할 때

　이 책을 쓰고 난 후, 책으로 두 번의 생을 무사히 살아냈다는 안도
감과 아쉬움이 남는다. 책을 써나가면서 기억 속에 묻혀 있던 감동적
인 시들이 한 소절, 한 소절 떠올라 나의 가슴을 다시 울렸다. 덕분
에 책 이곳저곳에 감동적인 시가 실리게 되었다. 한 권의 책을 써내
기 위해 가을날 내 마음속 파랑새가 그렇게 노래했나 보다.

　우리는 누구나 마음속에 행복의 파랑새들을 키우며 살아간다. 하
지만 인생을 너무 바쁘게 살다 보면 파랑새의 희망차고 즐거운 노랫
소리가 잦아들 때가 있다. 인생의 목표를 이루기 위해 소쩍새의 울
음을 토하느라, 정작 파랑새의 속삭임을 듣지 못할 때도 많다.

　감동적인 책을 더 많이 읽을수록, 가슴속에 울림을 주는 파랑새의
메아리가 점점 커지고, 반면 소쩍새의 울음은 점차 잦아든다. 좋은

책을 음미하면, 우리 안에 잠자고 있던 행복의 파랑새가 다시 소망을 노래하기 시작한다.

독자라면 누구나 책으로 큰 울림을 가져다준 작가들에게, 희망찬 파랑새의 노랫소리로 화답해야 하는 빛을 지고 있다. 아직 희망의 노래를 하기에는 숨이 벅찰 수도 있다. 일상에서는 삶의 쳇바퀴를 돌리기 위해 소쩍새의 울음을 토할 때가 많기 때문이다. 때로 희망을 선사하는 흥겨운 노래가 아니라도 좋다. 하지만 아웃풋 독서가로 거듭나기 위해 이제 당신이 노래할 차례다.

새들은 노랫소리로 감동과 희망을 준다. 작가는 일상에 의미를 부여한 글로 많은 이에게 울림을 주고 소망을 전달한다. 당신은 현재 울음마저 사치로 느껴질 만큼 절망하고 있을 수도 있다. 그렇다고 해서 언제까지 희망을 노래하는 다른 작가의 파랑새 소리만 쫓아다니며 살 수는 없는 노릇이다.

사실 필자는 마치는 글을 쓰기 직전, 마음이 상하는 일이 있었다. 그러나 이런 순간에도 입술을 살짝 머금고 글을 쓰면 마음이 가라앉는다. 글을 쓰다 보면 심호흡을 하듯 내면을 먼저 돌아보게 된다. 책 쓰기가 곧 성숙해지기 위한 과정이라고 의미를 부여하면, 적어도 그 순간만큼은 절망의 심연으로 빠져들지는 않는 것 같다.

소쩍새의 울음은 귀를 틀어막는다고 사라지지 않는다. 마음속의 울음은 글로 토해내야 눈 녹듯이 사라지지 때문이다. 당신이 날마다 듣게 되는 소쩍새의 울음소리에 의미를 부여하는 순간, 파랑새의 노랫소리가 다시 들려오기 시작할 것이다.

지금부터 소쩍새의 울음소리가 파랑새의 노래로 변화하는 과정을 일기를 쓰듯 기록해나가라. 날마다 겪는 일상의 에피소드에 의미를 부여한 글들이 차곡차곡 쌓이다 보면 당신만의 색깔이 보이기 시작한다. 자신만의 글로 아로새긴 삶의 색깔이 좀 더 선명해지는 날, 스스로에게 적당한 이름표를 달아주어라. 그때 비로소 '당신의 이름'이 새겨진 책을 세상에 선보일 수 있게 된다.

이 책을 읽고 있는 여러분도 언젠가 꼭 다른 작가의 책을 통해 파랑새의 메아리를 듣는 책의 소비자에서, 자신만의 작품으로 파랑새의 희망을 노래하는 창조적 지식 생산자로 거듭나기를 소망한다.

2017년 4월

책으로 세상을 훈훈하게 만드는 작가, 이세훈

· 참고 도서 ·

구본형 저, 『나는 이렇게 될 것이다』, 김영사, 2013

권동칠 저, 『완주의 조건, 열정으로 갈아 신어라』, 성림비즈북, 2016

기시미 이치로·고가 후미타케 공저, 전경아 역, 김정운 감수, 『미움받을 용기』, 인플루엔셜, 2014

김난도 저, 『아프니까 청춘이다』, 김난도 저, 쌤앤파커스, 2010

김선미 저, 『닥치고 군대 육아』, 알에이치코리아(RHK), 2014

김선미 저, 『불량육아』, 무한, 2012

김양재 저, 『문제아는 없고 문제 부모만 있습니다』, 두란노서원, 2016

김정운 저, 『남자의 물건』, 김정운 저, 21세기북스, 2012

김정운 저, 『에디톨로지』, 김정운 저, 21세기북스, 2014

김정운 저, 『가끔은 격하게 외로워야 한다』, 21세기북스, 2015

다니엘 핑크 저, 김명철 역, 정지훈 감수, 『새로운 미래가 온다』, 한국경제신문사(한경비피), 2012

다치바나 다카시 저, 이정환 역, 『도쿄대생은 바보가 되었는가?』, 청어람미디어, 2002

랜들 먼로 저, 이지연 역, 『위험한 과학책』, 시공사, 2015

리처드 도킨스 저, 홍영남, 이상임 공역, 『이기적 유전자』, 을유문화사, 2010

릭 워렌 저, 고성삼 역, 『목적이 이끄는 삶』, 디모데, 2003

박선영 저, 『짬 내서 읽고 쓴 인문학 독서 레터』, 렛츠북, 2016

박웅현 저, 『인문학으로 광고하다』, 박웅현, 강창래 저, 알마, 2009

박웅현 저, 『책은 도끼다』, 북하우스, 2011

박웅현·진중권 외 7명 저, 『생각 수업』, 알키, 2015

빌 워터슨 저, 『캘빈과 홉스』(1~3권) , 홍익미디어플러스, 1999

사이쇼 히로시 저, 최현숙 역, 『아침형 인간』, 한스미디어, 2003

사이토 다카시 저, 장은주 역, 『혼자 있는 시간의 힘』, 위즈덤하우스, 2015

생텍쥐페리 저, 김미성 역, 김민지 그림, 『어린 왕자』, 인디고(글담), 2006

서상훈 저, 『천재 독서법』, 지상사, 2011

쇼펜하우어 저, 김욱 역, 『쇼펜하우어 문장론』, 지훈, 2005

스펜서 존슨 저, 형선호 역, 『선물』, 랜덤하우스코리아, 2011

아르투르 쇼펜하우어 저, 김욱 역, 『쇼펜하우어 문장론』, 지훈, 2005

안상헌 저, 『통찰력을 길러주는 인문학 공부법』, 북포스, 2012

안상헌 저, 『인문학 공부법 실천편』, 북포스, 2016

어니스트 헤밍웨이, 『노인과 바다』

어수웅 저, 『탐독』, 민음사, 2016

에드워드 카 저, 권오석 역, 『역사란 무엇인가』, 홍신문화사, 2006

에드워드 할로웰 저, 박선령 역, 『하버드 집중력 혁명』, 토네이도, 2015

엘빈 토플러·하이디 토플러 공저, 김주웅 역, 『부의 미래』, 청림출판, 2006

월터 아이작슨 저, 안진환 역, 『스티브 잡스』, 민음사, 2015

웨이슈잉 저, 이정은 역, 『하버드 새벽 4시 반』, 라이스메이커, 2014

유영만 저, 『용기』, 위즈덤하우스, 2007

이성복, 『네 고통은 나뭇잎 하나 푸르게 하지 못한다』(개정판), 문학동네, 2014

이외수 저, 『글쓰기의 공중부양』, 해냄, 2007

이용, 김수호 공저, 『맛있게 책 읽기』, 경향미디어, 2008

이은대 저, 『내가 글을 쓰는 이유』, 슬로래빗, 2016

이은대 저, 『아픔공부』, 생각수레, 2016

이지성 저, 『리딩으로 리드하라』, 차이정원, 2016

이현우 저, 『로쟈의 인문학 서재』, 산책자, 2009

이홍 편, 『가난한 날의 행복』, 함께, 2002

임원화 저, 『하루 10분 독서의 힘』, 미다스북스, 2014

잭 캔필드, 게이 헨드릭스 공저, 손정순 역, 『내 인생을 바꾼 한 권의 책』, 리더스
북, 2013

정진홍 저, 『인문의 숲에서 경영을 만나다』, 21세기북스, 2007

조관일 저, 『비서처럼 하라』, 쌤앤파커스, 2007

조정래 저, 『태백산맥』(전 10권), 해냄, 2007

지수경 저, 『인생을 바꾸는 아주 작은 습관』, 프로방스, 2016

채사장 저, 『지적 대화를 위한 넓고 얕은 지식』, 한빛비즈, 2014

최진기 저, 『인문의 바다에 빠져라』, 스마트북스, 2012

켄 블랜차드, 타드 라시나크 외 2명 공저, 조천제 역, 『칭찬은 고래도 춤추게 한
다』(개정2판), 21세기북스, 2014

크리스 주크·제임스 앨런 공저, 이근 등역, 『핵심에 집중하라』, 청림출판, 2002

한상복 저, 『배려』, 위즈덤하우스, 2006

한상복 저, 『지금 외롭다면 잘되고 있는 것이다』, 위즈덤하우스, 2011

할 엘로드 저, 김현수 역, 『미라클 모닝』, 한빛비즈, 2016

호아킴 데 포사다, 엘런 싱어 공저, 공경희 역, 『마시멜로 이야기』(개정판), 21세기
북스, 2016